문선명·한학자 총재는 누구인가

50가지 문답으로 알아보는 **신한국가정연합**

문선명·한학자 총재는 누구인가

성화출판사

서문

'한 하나님 아래 인류 한 가족'의 비전을 실현하기 위해 일생을 헌신한 사람이 있습니다. 그것도 사회의 편견과 핍박 속에서 묵묵히 그 뜻을 실현하기 위해 평생을 걸어온 분이 있습니다. 바로 문선명·한학자 총재 내외입니다. 우리는 이분들을 어떻게 봐야 할까요? 어떤 이들은 두 분을 '참사랑의 성자', '애국자'라고 부르고, 종교적 도그마에 사로잡힌 이들은 '이단 교주'라고 비난하기도 합니다. 통일교회(현 세계평화통일가정연합, 이하 가정연합) 식구들은 두 분을 '구세주, 메시아, 재림주, 참부모'라고 고백합니다.

두 분은 한국에서 출발하여 짧은 기간 동안에 세계적인 선교기반을 닦았고 평화세계를 이루기 위한 커다란 업적을 남겼음에도 불구하고 한국 사회에서는 두 분과 통일교회에 대해 아직도 백안시하는 경향이 많습니다.

누구보다 하늘과 사람과 조국을 위하여 살았음에도 오히려 자신들을 신격화한다고 매도당하고, 죄의 뿌리가 불륜에 있기에 어느 누구보다 순결한 생활을 가르치고 있지만 통일교회는 '음란집단'이라는 악성 루머에 오랫동안 시달려야 했으며, 생사를 걸고 한반도 화해와 평화를 위해 목숨을 걸고 김일성 주석을 만나 통일의 큰 길을 열었는데도 당시 정권으로부터 핍박을 당했습니다. 그것은 두 분에 대한 선입관과 편견, 신학적 도그마 때문에 생긴 것이고, 전 세계 전 분야에서 공생·공영·공의주의 세계를 이루고자 모든 것을 투입하는 것에 대한 이해가 부족하여 생긴 것이라고 생각합니다.

반세기만에 지구촌 땅 끝까지 선교기반을 닦은 것은 하나님의 가호가 있다고 하지 않을 수 없습니다. 가정연합 세계 식구들은 한국을 신앙의 조국으로 생각하면서 한국말을 배우고 '애국가'와 '우리의 소원'을 한국어로 부릅니다. 원수 나라나 빈부 격차, 학력 차이가 있음에도 선남선녀가 축복결혼을 받고 모든 벽을 넘고 있습니다.

남과 북이 이념과 체제의 차이를 넘어 과연 남북통일의 새 시대를 열 수 있을까요? 한국과 일본이 원수 감정을 씻고 선린우호의 새 역사를 쓸 수 있을까요? 지구촌 하나의 평화세계를 이룰 수 있을까요? 거대 담론이지만 그 단서를 이 책에서 만날 수 있습니다.

이 책은 두 분에 대해 알고 싶은 내용과 가정연합에 대해 궁금한 내용을 독자들이 알기 쉽게 50가지 문답으로 소개하고 있습니다. 문답식 대화는 단계적이고 총체적인 이해를 하는데 단점이 있더라도 질문자가 알고 싶어 하는 것만을 우선 충실하게 답해주기 때문에 두 분과 가정연합에 대한 빠르고 바른 이해를 도와줄 것으로 기대합니다. 모든 내용이 두 분에 대한 것이 아니지만 대부분 질문이 직간접으로 관련이 있기 때문에 책 제목을 《문선명·한학자 총재는 누구인가》로 정했습니다.

이 책은 선문대학교 선학평화연구원 이재영 교수가 대표 집필한 《통일교 Q & A》에 추가된 최근 내용을 책임 감수하여 책이름을 변경한 것입니다. 두 분에 대한 궁금한 내용이 이 책을 통해 명쾌하게 풀리지는 않겠지만 조금이라도 도움이 되다면 그만한 기쁨이 없겠습니다. "일찍이 아시아의 황금시대에 빛나던 등불의 하나인 코리아, 그 등불 한 번 다시 켜지는 날에 너는 동방의 찬란한 빛이 되리라." 한류가 세계를 휩쓸고 있는 가운데 암울했던 일제 강점기에 한민족을 찬양했던 노벨문학상 수상자 타고르의 예언이 이 책을 읽는 동안 자꾸만 되새겨질 것입니다. 불확실한 시대를 맞이하여 이 책을 통해서 역사의 주인이신 하나님의 뜻과 심정, 그리고 역사의 시원과 방향과 목표에 대한 탁월한 시각에 동감하는 계기가 되길 바랍니다.

3·1운동과 대한민국 임시정부 수립 100주년을 맞이하여 독자들마다 남북통일과 평화세계 실현의 원대한 이상이 함께하길 기원합니다.

2019년 3월 1일
선학역사편찬원

차례

서 문 ⋯4

제1부 · 창시자와 가정연합

01. 누구를 신앙하나요? ⋯13
02. 기독교와 같은 점과 다른 점은 무엇인가요? ⋯17
03. 문선명 총재가 구세주 메시아인가요? ⋯21
04. 문선명·한학자 총재를 왜 참부모로 부르나요? ⋯24
05. 경전에는 어떤 것들이 있나요? ⋯29
06. 독생자·독생녀의 의미는 무엇인가요? ⋯35
07. 예수님을 구세주 메시아로 믿나요? ⋯39
08. 왜 기독교인들이 이단이나 사이비라고 하나요? ⋯42
09. 교단 명칭은 왜 바뀌었나요? ⋯47
10. 선교현황은 어떤가요? ⋯50
11. 사회와 국가를 위해 기여하고 있는 것은 무엇인가요? ⋯53
12. 어떤 세계를 추구하고 있나요? ⋯58

제2부 • 하나님의 창조와 피조세계

01. 하나님이 존재하신다는 것을 어떻게 알 수 있나요? ⋯63
02. 하나님은 어떻게 존재하나요? ⋯67
03. 왜 하나님을 하늘부모님이라고 부르나요? ⋯71
04. 하나님이 인간을 창조하신 목적은 무엇인가요? ⋯74
05. 하나님께서 피조세계를 창조하신 동기와 과정은 무엇인가요? ⋯77
06. 남자는 여자보다 더 우월하다고 보나요? ⋯82
07. 사후의 세계와 천국은 어떤 세계인가요? ⋯86
08. 창조와 진화의 문제를 어떻게 보나요? ⋯92

제3부 • 인간의 타락과 오늘의 세계

01. 인간은 선한 존재인가요, 악한 존재인가요? ⋯97
02. 인간이 따먹고 타락했다는 선악과는 무엇인가요? ⋯101
03. 인간 조상을 타락시킨 뱀의 정체는 무엇인가요? ⋯105
04. '따먹지 말라'는 계명을 주신 목적은 어디에 있나요? ⋯109
05. 인간의 원죄는 무엇인가요? ⋯112
06. 하나님이 인간의 타락을 간섭하지 못하신 이유는 어디에 있나요? ⋯116
07. 인간의 타락과 현실세계와는 어떤 관련이 있나요? ⋯118

제4부 · 인류 구원과 부활

01. 역사를 어떻게 보나요? ···123
02. 말세는 무엇이고 그때는 언제인가요? ···126
03. 예수님은 구세주로서의 사명을 완수했나요? ···132
04. 기독교에서 말하는 천국과 다른 점이 있나요? ···137
05. 예수님의 십자가 죽음은 하나님께서 예정하신 것인가요? ···140
06. 윤회설과 재림부활은 어떻게 다른가요? ···143
07. 죽은 자의 부활은 어떻게 이루어지나요? ···145
08. 성경에서 말하는 첫째 부활을 믿나요? ···149
09. 기독교의 절대예정을 어떻게 이해하나요? ···153
10. 구원은 어떻게 이루어지나요? ···156

제5부 · 예수님은 누구인가

01. 예수님은 하나님 자신인가요? ···161
02. 메시아가 인간과 다른 점은 무엇인가요? ···164
03. 예수님이 재림하시는 목적은 어디에 있나요? ···168
04. 지상의 천국은 어떻게 이루어지나요? ···170

제6부 • 구원섭리와 재림주님

01. 하나님의 구원섭리가 연장되었다고 보나요? ···177
02. 재림주님은 언제 오시나요? ···181
03. 재림주님은 구름 타고 오시나요? ···184
04. 한국을 선민으로 보는 근거는 무엇인가요? ···187

제7부 • 세계문제와 평화비전

01. 가정 붕괴현상에 대한 근원적 해결방법은 무엇인가요? ···195
02. 혼전순결과 국제축복결혼을 강조하는 이유는 무엇인가요? ···200
03. 문선명 총재가 김일성 주석을 만난 이유는 무엇인가요? ···208
04. 남북통일을 위해 어떤 활동을 펼치고 있나요? ···213
05. 지구환경을 보전하기 위해 어떤 노력을 기울이고 있나요? ···220

제1부

창시자와
가정연합

일러두기

1. 세계기독교통일신령협회는 1954년 5월 1일 창립 이후 40년 만에 '세계평화통일가정연합'으로 그 명칭이 바뀌었습니다. 2017년 11월부터는 하나님을 부모로 모신 국가와 세계로의 복귀라는 큰 의미를 담아 '신(神)가정연합'으로 다시 명칭을 바꾸어 부르고 있습니다. 이 책에서 세계평화통일가정연합과 신한국가정연합을 줄여서 '가정연합'으로 표기했습니다.
2. 각 항의 끝에 나오는 '참고'는 경전과 문선명·한학자 총재 말씀, 그리고 《원리강론》 등에서 인용했습니다.

01

누구를 신앙하나요?

가정연합은 유일신 창조주 하나님을 모시는 교회입니다. 가정연합은 하나님이 아닌 문선명 총재를 믿는 종교라고 오해하는 사람들이 많지만 그렇지 않습니다. 가정연합 창시자 문선명 총재는 신인지관계 부자지인연(神人之關係 父子之因緣) 즉 '하나님과 인간의 관계는 부모와 자식의 인연'이라고 하였습니다.

가정연합도 기독교와 마찬가지로 "너의 하나님 여호와의 이름을 망령되이 일컫지 말라."는 십계명을 신조로 삼고 있습니다. 하나님은 오직 한 분이시고 우리의 부모가 되심을 믿고 있습니다. 따라서 가정연합은 문선명 총재를 하나님과 동위(同位)에 두거나 동격으로 믿지 않습니다. 다만 문선명 총재는 하나님의 뜻과 사랑을 가장 잘 알고 전달하는 분이라 믿습니다.

문선명 총재는 인간을 하나님 앞으로 인도하는 중보자입니다. 문 총재는 하나님과 교통하여 하나님의 뜻과 심정을 가장 잘 아시는 분으로 하나님으로부터 진리를 받아서 그 진리를 전파하여 인간을 구원하는 메시아의 역할을 합니다.

가정연합 식구들은 문선명·한학자 총재가 말씀과 사랑과 축복으로 우리를 거듭나게 하신 분이시기 때문에 그 분들을 '참부모'라고 부르며 존경하고 모시고 있습니다. 그러나 이 두 분을 하나님과 동격으로 모시고 신앙하지 않습니다. 문 총재도 당신이 곧 하나님이라고 말씀하지 않았습니다.

참부모라는 말은 신앙의 부모라는 뜻입니다. 어떤 조건도 바람도 없이 전적으로 인류를 위한 사랑을 투입하는 분들이기 때문에 그분들을 참부모로 호칭하고 있습니다.

가정연합은 기독교 십계명 중 제1계명 "나 외에는 다른 신을 섬기지 마라."는 계명도 지키고 있습니다. 가정연합도 유대교나 기독교와 마찬가지로 하나님을 신앙하는 유일신 종교입니다.

참고

십계명

1. 너는 나 외에는 다른 신들을 네게 있게 말찌니라.
2. 너를 위하여 새긴 우상을 만들지 말고, 그것들을 섬기지 말라.
3. 너는 너의 하나님 여호와의 이름을 망령되이 일컫지 말라.
4. 안식일을 기억하여 거룩하게 지키라.
5. 네 부모를 공경하라.
6. 살인하지 말찌니라.
7. 간음하지 말찌니라.
8. 도적질 하지 말찌니라.
9. 네 이웃에 대하여 거짓 증거 하지 말찌니라.
10. 네 이웃의 집을 탐내지 말찌니라.

(출애굽기 20장 1-17절)

선생님은 하나님을 가장 잘 아는 챔피언입니다. 그동안 하나님은 전지전능하신 분으로 피조만물세계와는 절대적인 주종관계로서 존귀와 영광의 보좌 가운데 계시는 분으로 알려져 왔습니다. 그러나 사실은 정반대입니다. 본인은 섭리적 사명을 출발하면서부터 하나님과 인간의 관계가 부모와 자녀의 관계라는 것을 알았으며, 첫 아담을 사탄에게 잃어버린 이후 하나님은 슬픔과 탄식과 한의 하나님이 되셨다는 것을 깨달았습니다. 본인은 생애를 통해 그 하나님의 한을 해원해 드리고 하나님의 심정을 해방·석방해 드리고자 전력을 다하여 왔습니다.

(천성경, 제13편, 제3장, 1절, 16)

02

기독교와 같은 점과 다른 점은 무엇인가요?

하나님의 섭리는 구약(유대교), 신약(기독교), 성약(통일교회=가정 연합)이라는 시대적 단계를 거치며 역동적으로 펼쳐져 왔다고 할 수 있습니다. 구약의 첫 번째 단계로는 아담으로부터 아브라함까지의 2천년 기간을 말하며, 이 기간은 믿음의 조상인 아브라함을 세워 하늘 편 가정과 종족 기반을 세우던 시기였습니다. 구약의 두 번째 단계로는 아브라함부터 예수님이 오실 때까지의 2천년 기간으로, 메시아를 위한 민족적·국가적 토대 위에서 예수님이 메시아로 초림하시는 기간을 일컫고 있습니다. 이때 예수님을 중심으로 유대 땅에 하나님의 창조이상으로서의 지상천국이 건설되어야 했음에도 불구하고, 여호와 하나님을 신봉하는 유대인들이 예수님을 불신하여 십자가에 매달게 함으로써 하나님의 섭리는 다음 단계로 연장되고 말았습니다.

하나님의 섭리로서의 신약의 단계는 예수님의 십자가 처형 이후 재림주님이 오실 때까지의 2천년 기간을 말합니다. 예수님의 사후 기독교 신도들이 재림주님을 위한 세계적 기대를 세우는 기간을 의미합니다.

하나님의 섭리는 마침내 성약이라는 마지막 단계를 맞이하는데, 이때는 문선명·한학자 총재 내외가 예수님 때 못 이룬 참가정을 이룩하고 참가정연합체인 가정연합을 결성하여 이끌어가는 때입니다. 내외분이 참사랑의 참부모가 되어, 천상과 지상을 아우른 천주적인 차원의 메시아로서의 역할을 완수하는 때입니다.

이상과 같은 하나님의 섭리의 시대적 단계를 이해한 터 위에서, 다음으로 가정연합과 기독교의 기본원리에 있어 같은 점과 다른 점에 대해 이야기하도록 하겠습니다. 가정연합도 구약과 신약 성경이 경전임을 믿습니다. 성경의 해석에서도 같은 점이 많습니다. 다만 성경의 이해에서 다른 견해가 존재합니다.

예를 들면, 하나님에 대한 이해, 인간 타락의 근원, 예수님의 십자가 대속설, 말세에 대한 이해, 죽은 자의 부활, 하나님의 인간 구원에 대한 예정, 재림주 현현의 방법 등입니다.

가정연합과 기독교의 다른 점 각각에 대하여는 이 책에서 차차 간략하게 다루어 나가겠으나, 먼저 구원관의 차이를 설명하겠습니다. 가정연합에서는 타락한 인간의 구원은 하나님의 절대 예정에 의한 것이 아니라 하나님의 구원섭리와 인간의 책임에 의하여 이루어진다고 봅니다. 하나님은 구원섭리를 절대적으로 예정하시지만 인간이 책임분담을 하지 못하면 그 구원섭리는 연장됩니다.

가정연합과 기독교 모두 구원의 목표는 천국입니다. 그러나 천국관이 다릅니다. 가정연합에서 말하는 천국은 죽음 이후에 가는 세계가 아니라 지상에서 하나님의 창조목적, 즉 3대축복을 완성한 세계입니다. 개성완성, 가정완성, 주관성완성의 3대축복을 지상에서 실현하여 천국 생활을 경험하게 될 때 사후에도 천국에 들어갈 수 있는 것입니다.

천국과 지옥은 하나님이 만드신 것이 아닙니다. 선의 하나님은 지옥을 만드실 수 없습니다. 또한 천국도 하나님이 만드신 것이 아닙니다. 지상의 삶의 결과에 따라 인간이 찾아가는 것입니다. 죄인이 모여 사는 것이 지옥이고, 3대축복을 완성한 선한 사람들이 모여 사는 곳이 천국입니다. 따라서 가정연합은 '죽어서 천국에 가자'는 것이 아니라 '지상에 천국을 이루자'고 합니다.

천국은 가정에서 4대 심정권(4대 사랑)을 완성하면서 시작됩니다. 즉 부모의 사랑, 부부의 사랑, 형제의 사랑, 자녀의 사랑을 완성한 사람들이 사는 곳이 천국입니다. 이 4대 심정권은 가정에서 이루고 경험할 수 있기 때문에 가정은 사랑의 훈련장이며 천국의 기본 단위가 됩니다. 먼저 가정에 천국을 이루지 않고는 지상이나 천상에 천국은 이루어지지 않는 것입니다. 그래서 예수님은 "진실로 너희에게 이르노니 무엇이든지 너희가 땅에서 매면 하늘에서도 매일 것이요 무엇이든지 땅에서 풀면 하늘에서도 풀리리라."(마태복음 18장 18절)고 하신 것입니다.

> **참고**

본연의 창조이상인 지상천국과 천상천국을 내가 만들어야 됩니다. 가정을 잃어버렸기 때문에 우리 가정이 (참가정을 이루어 천국을) 만들어야 됩니다. 그래서 우리 가정은 참사랑으로 본향 땅을 중심삼고 본연의 창조이상인 지상천국과 천상천국을 창건한다는 것입니다. 본향 땅은 가정을 중심한 본향 땅입니다. 나라가 아닙니다. 그래서 고향에 돌아가야 된다는 말입니다. 그런 가정이 있으면 고향 땅으로 돌아가서 지상천국과 천상천국을 이루어야 합니다. 이제 고향만 찾으면 자연히 나라, 세계 전부가 하나 되는 것입니다. 걱정할 필요 없습니다. 지상천국 천상천국이 자연히 이뤄집니다. 가정에서 벌어지는 것입니다.

(천성경, 제12편, 제3장, 5절, 29)

03

문선명 총재가 구세주 메시아인가요?

'통일교회 창시자 문선명 총재가 메시아냐, 아니냐?' 하는 질문에 답하기 전에 먼저 메시아에 대한 의미를 새겨 보겠습니다. '메시아'라는 말은 히브리어로 '왕'을 의미합니다. 헬라어로는 '그리스도' 즉 구세주라는 의미입니다. 문선명 총재는 16세 때 고향 평안북도 정주군 묘두산에서 기도하던 중 예수님이 현현하여 "내가 완성하지 못한 인류 구원사업을 맡아 달라."는 부탁을 받게 됩니다. 하늘의 소명 이후 하나님과의 교통을 통해 메시아로서의 역할을 자각한 것입니다.

문 총재가 비록 하늘로부터 메시아로서의 소명을 받았다고 하더라도 그 역할을 다하지 못하게 되면 메시아가 될 수 없습니다. 문 총재는 개인적, 가정적, 종족적, 세계적 메시아로서의 역할을 완성하게 될 때 인류의 메시아가 됩니다. 가정연합 식구들은 문선명 총재가 메시아 구세주로서의 역할을 완성하신 분이라는 차원에서 그분을 메시아로 민고 있습니다.

문선명 총재는 우리에게도 "메시아가 되어라."고 말씀합니다. 개인적, 가정적, 그리고 종족적 차원에서 메시아가 되라고 했습니다. 가정연합 식구들은 종족 단위인 430가정을 전도해서 종족메시아가 되어야 할 사명을 부여받았습니다.

기독교에서 사용하는 메시아의 개념과 가정연합에서 사용하는 메시아의 개념에는 차이가 있습니다. 기독교는 '유일 메시아론'을 말합니다. 예수님만이 유일한 메시아라는 것입니다. 가정연합은 '만인 메시아론'을 주장합니다. 가정연합 식구들은 누구나 가정에서부터 출발하여 종족, 민족, 국가, 세계로 확대되어 나가는, 인류 구원을 위한 메시아로서의 역할과 사명과 책임을 수행할 수 있다는 뜻입니다. 가정연합 식구들은 문선명 총재가 개인, 가정, 국가, 세계의 차원을 넘어 천주적 차원의 메시아라고 믿습니다.

참고

메시아라는 말의 뜻은 기름 부음을 받은 자라는 뜻이다. 히브리인들 사이에는 신이나 왕이 어떤 특별한 임무를 부여하기 위하여 특정한 사람에게 기름을 머리에 부어 주어 성별(聖別)하는 예식이 보편화되어 있었다. 사울왕이 왕위에 오르기 전에 사무엘에게 기름 부음을 받은 것이 대표적인 예라고 할 수 있다. 그러나 예언자 시대에 이르러 메시아라는 말에 종교적인 의미가 더 강하게 첨부되었고, 이스라엘인들은 정치적으로나 종교적으로 적으로부터 해방시켜 주고 지상에 신의 공의에 의한 다윗 왕국을 재건할 인물을 하나님이 보내 주실 것이라 믿으며 그 인물을 메시아라고 불렀다. 특히 남북 왕국이 멸망한 후부터 이 사상이 강하게 나타났다. 신약성경 기자들은 구약시대에 예언된 메시아가 곧 성육하신 예수 그리스도라고 믿었다.

(이종성,《그리스도론》, 17)

04

문선명·한학자 총재를
왜 참부모로 부르나요?

성경에 우리 인간은 인간 조상의 타락으로 사망에 이르렀다고 했습니다. 그래서 성경에 "아담 안에서 모든 사람이 사망에 이르렀고 그리스도 안에서 생명에 이르렀다."(로마서 5장 12-21절)고 하였습니다. 본래 인간 조상 아담과 해와가 타락하지 않았다면 그들이 인류의 참부모가 되었을 것입니다. 그러나 인간 조상 아담과 해와가 타락하여 참부모가 되지 못하였기 때문에 후아담으로 오신 예수님이 가정을 이루어 참부모가 되었어야 합니다.

예수님은 유대 관원 니고데모에게 "진실로 진실로 네게 이르노니 사람이 거듭나지 아니하면 하나님 나라를 볼 수 없느니라."(요한복음 3장 3절)라고 하였습니다. 인간은 천국 백성으로 거듭나야 합니다. 예수님은 이어서 "사람이 물과 성령으로 거듭나지 아니하면 하나님 나라에 들어갈 수 없느니라."(요한복음 3장 5절)고 하였습니다. 물은 죄를 씻는 것을 상징하고, 성령은 하나님의 은혜와 사랑을 의미합니다. 죄를 씻고 하나님의 은혜와 사랑으로 새로운 사람으로 태어나야 하는 것입니다. 타락한 인류를 물과 성령으로 거듭나게 해주실 참부모가 필요합니다.

인간을 거듭나게 하는 것은 하나님의 말씀입니다. 성경에서도 말씀으로 거듭난다고 하고 있습니다. 참부모는 하나님으로부터 받은 말씀을 통해 인간을 거듭나게 하십니다. 성경에는 "너희가 거듭난 것이 썩어질 씨로 된 것이 아니요 썩지 아니할 씨로 된 것이니 하나님의 살아 있고 항상 있는 말씀으로 되었느니라."(베드로전서 1장 23절)고 하고 있습니다.

참부모는 인간을 거듭나게 할 수 있는 말씀을 가지고 오는 분입니다. 문선명·한학자 총재는 인류를 구원할 수 있는 말씀, 즉 진리를 가지고 온 참부모입니다. 그 진리와 문선명·한학자 총재를 믿고 모시는 자에게는 그분들은 참부모가 됩니다. 두 분을 참부모로 믿고 따르는 것은 각자의 신앙적 선택입니다.

참부모는 신앙의 부모라는 뜻입니다. 문선명·한학자 총재는 국경과 인종, 종교와 언어, 그리고 피부색과 문화를 초월하여 모든 인류를 하나로 묶는 구심점이 되어, 어떤 조건도 없이 인류를 위한 참사랑을 투입해 왔습니다. 가정연합 식구들은 말씀과 참사랑을 가지고 예수님 이후의 하늘섭리를 완성하려고 애쓰는 문선명·한학자 총재를 존경하고 모시며 우리의 참부모라고 부르고 있습니다.

가정연합에서는 참부모가 없이 구원은 불가능하다고 봅니다. 타락한 인간은 참부모를 맞이하고 믿고 모심으로써 참부모를 닮아 자신도 참부모가 되어야 합니다. 그들의 자녀 앞에서 참부모가 되고, 가정·종족·국가·세계적인 차원의 메시아로서의 역할이 확대되어야 합니다.

> **참고**

하나님이 참부모로서 체를 입고 이 땅에 오셔야 하는 이유는 분명합니다. 구약성경 창세기 1장 27절을 보면 '하나님의 형상대로 사람을 지었는데 1남1녀를 지으셨다.' 하는 말씀이 있습니다. 이 대목을 귀납적으로 추리해 보면, 하나님은 한 사람의 남성과 한 사람의 여성을 합한 분이시라는 결론이 나옵니다. 이런 하나님께서 독처하는 것이 좋지 않아 당신의 대상으로 창조한 것이 피조세계입니다. 즉 우주 만상은 형상적 대상의 위치에, 그리고 그 중심에 실체적 대상으로서 인간을 창조하신 것입니다. 이렇게 하나님의 실체대상으로서 창조한 첫 번째 남성격 대표가 아담이요, 여성격 대표가 해와입니다.

그런데 하나님께서 이처럼 인간을 1남1녀로 분립하여 창조하신 데는 목적이 있습니다.

첫째로, 이성성상의 중화적 주체로 자존하시면서도 무형으로 계시는 하나님께서는 실체세계를 상대하는 데 필요한 체를 입기 위함이었습니다. 남성의 체만도 아니요, 여성의 체만도 아닌, 아담과 해와 두 사람의 체를 입고 실체세계와 자유자재로 교통하고 작용하기 위함이었던 것입니다. 체를 입지 않은 무형의 하나님으로서만은 유형실체세계를 상대하는 데 한계가 있기 때문입니다. 따라서 아담과 해와가 마음속에 하나님을 모시고 일체가 되어 완성한 터전 위에 결혼을 하고 자녀를 낳아 가정을 이루었더라면, 아담과 해와는 외적이요 횡적인 실체 참부모가 되고, 하나님은 내적이요 종적인 실체 참부모가 되었을 것입니다. 이렇게만 되었더라면 아담과 해와는 내외 양면으로 100퍼센트 하나님을 입체적으로 닮은 입장에 서게 되었을 것입니다. 이처럼 하나님을 완전히 닮은 아담과 해와가 인류의 참부모가 되었더라면 그들의 모습을 통해 인류는 일상생활 속에서 하나님의 실체를 인지하며 살게 되었을 것입니다.

둘째로는 사랑의 완성을 위해서입니다. 아담과 해와가 완성하여 완전일체를 이룬 사랑의 실체가 되면 그 위에 하나님께서 임재하여 인류의 참사랑의 부모가 되고자 함에 있었던 것입니다. 하나님의 형상적 실체부모의 입장에 서게 되는 아담과 해와가 실체의 자녀를 번식함으로써 이상가정, 이상세계를 이룰 수 있었을 것입니다. 그렇게 되면 인간을 통해서 영계와 지상계가 연결됩니다. 이처럼 하나님께서는 영계와 지상계를 연결하는 목적을 두고 인간을 창조하셨다는 결론을 내릴 수 있습니다. 하나님은 참사랑을 중심삼고 아담과 해와에게 임재하심으로써 인류의 참된 부모, 실체의 부모로 계시다가, 아담과 해와가 지상생애를 마치고 영계로 들어가면 그곳에서도 아담과 해와의 형상으로 그들의 체를 쓰시고 참부모의 모습으로 현현하시게 되는 것입니다.

(문선명 선생 말씀선집, 제521권, 11-12)

05

경전에는
어떤 것들이 있나요?

가정연합은 기독교의 성경도 경전으로 삼고 있습니다. 가정연합의 교리서 《원리강론》은 성경을 바탕으로 하고 있습니다. 다만 성경의 많은 내용이 비유와 상징으로 되어있기 때문에(요한복음 16장 25절) 성경 말씀의 해석에서 기독교와 다른 점들이 있습니다. 기독교가 장로교, 감리교, 침례교 등 여러 교파로 갈라지게 된 것도 성경 말씀에 대한 다른 해석에서 비롯된 것입니다.

가정연합은 하나님께서 모든 종교를 세우셨다고 봅니다. 하나님이 인류를 구원하시기 위하여 시대와 장소에 따라 그 지역문화에 맞는 종교를 주신 것입니다. 인류의 구원을 위해 서양의 기독교, 동양의 유불선(儒佛仙), 중동의 이슬람교, 인도의 힌두교 등을 세우셨습니다. 그래서 이들 종교의 궁극적인 가르침인 사랑, 인(仁), 자비 등은 같은 내용입니다. 종교는 경전을 통하여 인류의 평화와 행복을 실현하는 길을 가르치고 있습니다. 그 길을 기독교에서는 진리(眞理), 불교에서는 법(法), 유교에서는 도(道), 가정연합에서는 원리(原理)라고 합니다.

기독교의 성경은 구약성경과 신약성경으로 이루어져 있습니다. 구약은 예수님 초림까지의 준비과정을 말하고 있고, 신약은 예수님의 초림 이후의 과정과 예수님이 재림하시기까지의 준비과정을 말합니다. 가정연합은 기독교 성경이 하나님이 구세주 메시아를 보내시기 위한 말씀이라고 믿고 있습니다. 당시 사람들에게 그들의 언어와 문화의 수준에서 하나님의 구원섭리를 증거하는 말씀이라고 믿습니다.

가정연합의 경전으로는 최초의 경전인 《원리해설》이 있습니다. 《원리해설》은 문선명 총재가 16세 때 메시아로서 소명을 받고 하나님과 교통(交通)하면서 밝혀낸 진리를 설명한 책입니다. 《원리해설》은 문선명 총재가 최초로 집필한 《원리원본》을 기반으로 1957년 8월에 출간되었습니다.

그 후 《원리해설》의 내용을 보완하여 체계적으로 정리한 것이 1966년에 발행된 경전 《원리강론》입니다. 《원리강론》은 《원리해설》의 내용을 조직신학적 체계로 정리한 내용을 담고 있습니다. 《원리강론》은 가정연합의 교리서에 해당한다고 할 수 있습니다.

또한 통일교회 경전의 뿌리요 기반에 해당하는 600여 권의 《문선명 선생 말씀선집》이 있습니다. 이 말씀선집은 문선명 총재의 설교 말씀을 부연하거나 각색하지 않고 그대로 담고 있습니다.

가정연합은 근년에 《문선명 선생 말씀선집》을 기반으로 《천성경》, 《평화경》, 《참부모경》이라는 3대 경전을 편찬하였습니다. 《천성경》은 말씀선집에서 말씀의 진수를 발췌한 것이고, 《평화경》은 문선명·한학자 총재가 공식적인 행사에서 말씀한 강연문을 수록한 것이며, 《참부모경》은 양위분의 생애와 행적을 정리한 것입니다.

종교의 궁극적인 목적은 먼저 마음으로 믿고 그것을 실천함으로써 달성되는 것이다. 그런데 그 믿음은 앎이 없이는 생길 수 없다. 우리가 경서(經書)를 연구하는 것도 결국은 진리를 알아서 믿음을 세우기 위함이요, 예수님이 오셔서 이적(異蹟)과 기사(奇事)를 행하심도 그가 메시아 됨을 알려서 믿게 하기 위함이었던 것이다. 그리고 안다는 것은 곧 인식하는 것을 의미하는데, 인간은 논리적이며 실증적인 것 즉 과학적인 것이 아니면 인식할 수도 없으며, 따라서 그것을 알아 가지고 믿는 데까지 이를 수도 없게 되어 결국 종교의 목적을 달성할 수가 없게 되는 것이다. 이와 같이 내적인 진리에도 논증적인 해명이 필요하게 되어, 종교는 오랜 역사의 기간을 통하여 그 자체가 과학적으로 해명될 수 있는 시대를 추구해 나왔던 것이다.

이와 같이 종교와 과학은 인생의 양면의 무지(無知)를 타개하기 위한 사명을 각각 분담하고 출발하였기 때문에 그 과정에 있어서는 그것들이 상충하여 서로 타협할 수 없을 것 같은 양상을 보여 왔으나, 인간이 그 양면의 무지를 완전히 극복하여 본심이 요구하는 선(善)의 목적을 완전히 이루자면, 어느 때든지 과학을 찾아 나온 종교와 종교를 찾아 나온 과학을 통일된 하나의 과제로서 해결해 주는 새 진리가 나와야 하는 것이다.

새 진리가 나와야 한다는 주장은 종교인들, 특히 기독교 신도들에게는 못마땅하게 생각될는지도 모른다. 왜냐하면 그들은 그들이 가지고 있는 경서가 이미 그것만으로써 완전무결하다고 생각하고 있기 때문이다. 물론 진리는 유일하고 영원불변하며 절대적이다. 그러나 경서란 진리 자체가 아니고 진리를 가르쳐 주는 하나의 교과서로서, 시대의 흐름과 더불어 점차로 그 심령과 지능의 정도가 높아져 온 각 시대의 인간들에게 주어진 것이기 때문에, 그 진리를 가르쳐 주는 범위나 그것을 표현하는 정도와 방법에 있어서는 시대를 따라서 달리하지 않을 수 없는 것이다. 그러므로 우리는 이러한 성격을 띠고 있는 교과서마저 절대시해서는 아니되는 것이다.

위에서 이미 언급한 바와 같이, 인간이 그 본심의 지향성에 의하여 하나님을 찾아 선의 목적을 이루는데 필요한 방편으로 나오게 된 것이 종교이기 때문에, 모든 종교의 목적은 동일한 것에 있는 것이다. 그럼에도 불구하고 그 사명 분야와 그를 대하는 민족에 따라, 또 시대의 흐름에 따라 위와 같은 이유로 그 경서를 서로 달리하게 되는 데서 필연적으로 각양각이(各樣各異)의 종교가 나오게 되는 것이다. 그러므로 경서란 진리의 빛을 밝혀 주는 등잔과 같아서 주위를 밝힌다는 사명은 동일하지만, 보다 밝은 등불이 나올 때는 그것으로써 낡은 등잔의 사명은 끝나는 것이다.

위에서 논한 바와 같이 오늘의 어떠한 종교도 현대인들을 사망의 어두운 골짜기에서 생명의 밝은 빛 가운데로 인도해 낼 수 있는 능력을 발휘하지 못하고 있기 때문에, 이제는 새 빛을 발하는 새 진리가 나와야 한다는 말이다. 이와 같이 새로운 진리의 말씀을 주실 것은 성경 가운데에도 여러 군데 기록되어 있는 것이다.

(《원리강론》 총서 중에서)

06

독생자·독생녀의 의미는 무엇인가요?

예수님은 하나님의 뜻을 담은 말씀을 가지고 2차 아담으로 오신 메시아요 독생자요 그리스도요 구세주이셨습니다. 인간을 거듭나게 하고 구원하기 위해 이 땅에 오셨습니다. 그러나 유대인의 불신으로 지상에서 가정을 이루지 못하였고, 결국 참가정과 참부모의 이상을 재림 때로 미루게 되었습니다.

그래서 '내가 다시 오마.'라는 재림의 이상을 남기셨습니다. 그리고 그가 다시 왔을 때 어린양잔치를 한다는 내용이 요한계시록에 나옵니다. 여기에서 어린양잔치란 결혼하여 가정을 갖는 것을 의미합니다.

가정을 이루는 데는, 지상에서 하늘 섭리를 이해하고 하늘에 대한 모심의 자세를 갖춘 신부(참어머니)를 찾는 일이 중요합니다. 하나님은 신부라는 한 사람을 표준으로 세우는 데 있어 소망해 오신 기준이 있기 때문에 하나님은 표준적 기준을 놓고 2천년 동안 기독교의 터전을 갈고 닦아 오신 것입니다.

여기에서 신부(독생녀)를 찾아세우지 못하면 가정을 이룰 수 없습니다. 또한 가정이 이루어지지 않는 한 종족이 찾아지지 않으며, 종족이 찾아지지 않는 한 민족이나 국가를 찾을 수 없습니다. 민족과 국가를 찾지 않고는 세계복귀를 생각할 수도 없습니다.

그렇기 때문에 하나님은 다시 오시는 주님으로서의 독생자와 100퍼센트의 정성과 모정을 다 쏟아부을 수 있는 신부로서의 독생녀로 하여금 가정(참가정=하늘 가정)을 이루게 하여, 예수님 때 못다 이룬 하늘의 뜻과 지상의 천국을 이루시고자 애쓰고 계시는 것입니다.

그러므로 기독교 2천년 역사는 하늘 가정을 편성하고 그 이상이 민족 국가 세계라는 전체에 충만하도록 하기 위해, 시발적인 여건으로서의 '독생녀'의 기반을 닦아 나온 역사라고 볼 수 있는 것입니다.

이때 하늘 가정을 이루는 독생자와 독생녀는 참부모로서의 참아버지와 참어머니가 되시며, 재림주님과 실체성신을 일컫게 됩니다. 완성된 가정과 완성된 부모를 대표하십니다.

피조세계의 모든 존재들이 하나님의 속성인 이성성상(二性 性相)을 지니고 있다는 점에서, 하나님은 양성과 음성의 요소를 동시에 지니고 계십니다. 따라서 하나님의 창조시 설계도상에서도 남자와 여자를 같이 창조하는 계획이 있었던 것입니다. 그러므로 하나님이 창조하신 남녀, 즉 아담과 해와, 그러니까 독생자와 독생녀는 부부가 될 사이로서, 인류의 참부모의 위치에 설 관계로서 애초부터 계획되어 창조가 된 것입니다.

지금 가정연합을 선두에서 이끌고 계신 한학자 총재는 해와의 계승자로서 독생녀의 지위를 상속받고 있으며, 실체성신이자 참부모로서 위상을 가지고 계신 것입니다. 한학자 총재는 독생녀로서 참어머니로서, 참자녀 육성과 참가정운동을 선두에서 진두지휘하며 하나님의 뜻길을 앞장서 걸어 나가고 계십니다.

하나님은 잃어버린 아담 해와의 대신 존재를 찾고 있습니다. 성경에서는 예수님을 후아담이라고 말하였습니다. 아담을 생명나무라고 말하고 있습니다. 그러니 예수님은 잃어버린 생명나무 대신으로 오신 분입니다. 그러나 예수님은 사명을 완결짓지 못했습니다. 하나님의 독생자 예수님이 이 땅 위에 오셔서 만일 죽지 않았으면 예수님이 독생자라 하였으니 하나님은 그 앞에 독생녀도 보내셨을 것입니다. 하나님의 2천년 역사는 신부를 찾는 역사입니다. 예수님은 참다운 아들의 모습으로 나타났지만 참다운 딸의 모습이 없으니 하나님의 뜻을 못 이룬 것입니다. 그렇기 때문에 2천년 기독교 역사는 딸을 찾는 역사입니다. 성신은 하나님의 딸로서 오셨습니다. 하나님을 해원하는 그날이 어린양잔칫날입니다.

(문선명 선생 말씀선집, 제7권, 303)

07

예수님을 구세주 메시아로 믿나요?

가정연합은 예수님을 그리스도 메시아로 믿습니다. 예수님은 하나님이 인간의 구원을 위해 보내신 그리스도요 메시아이십니다. 그리스도라는 말은 헬라어로 '구세주'라는 뜻이고 메시아라는 말은 히브리어로 '왕'을 의미합니다. 하나님은 인간의 구원을 위해 예수님을 인류의 구세주요, 만왕의 왕으로 지상에 보내셨습니다.

그러나 가정연합이 사용하는 메시아에 대한 개념은 기독교와 차이가 있습니다. 가정연합은 기독교에서 말하는 메시아의 개념을 더 확장하여 사용합니다. 인간은 누구나 메시아의 사명을 가지고 있습니다. 한 사람이 가정에서 구원의 중심에 있으면 그는 가정적 메시아이고, 종족에서 메시아의 역할을 하면 그는 종족적 메시아이며, 국가적 차원에서 메시아의 역할을 하면 그는 국가적 메시아입니다. 그리고 그가 세계적 차원의 메시아 역할을 수행하면 세계적 메시아가 되는 것입니다.

예수님은 국가와 인종을 초월한 세계적인 메시아이십니다. 즉 세계적 차원의 메시아로 오신 것입니다. 그러나 지상천국의 실현은 유대인들의 불신으로 예수님 당대에는 이루어지지 못하고 재림시기로 연장되었습니다.

만일 예수님이 십자가로 돌아가시지 않았다면 어떻게 되었을 것인가? 예수님은 영육 양면의 구원섭리를 완수하셨을 것이다. 그리하여 선지자 이사야의 예언(이사야 9:6~7)과 마리아에게 나타났던 천사의 교시(누가복음 1:31~33) 그대로, 또 예수께서 친히 천국이 가까웠다고 하신 말씀(마태복음 4:17)과 같이, 그는 영원토록 소멸되지 않는 지상천국을 건설하셨을 것이다.

《원리강론》, 160)

08

왜 기독교인들이 이단이나 사이비라고 하나요?

이단이란 '정통 이외의 다른 설(說)' 또는 '정통에서 벗어나 이의(異議)를 내세우는 설'을 말합니다. 자기가 믿는 도(道)나 설과 다른 것을 이단이라고 합니다. 기독교적 관점에서 본다면 가정연합 교리에 일부 이단적인 요소가 있다고 할 수 있습니다. 성경을 경전으로 삼고 있지만 일부 내용 가운데 기독교와 다른 관점에서 해석하기 때문에 기독교 입장에서 이단이라고 하는 것입니다.

긴 역사를 가진 기독교 입장에서 가정연합뿐만 아니라 새롭게 세워진 대부분의 종교는 이단에 속하였습니다. 그러나 고정불변의 정통이나 이단은 없습니다. 기독교 역사에서 이단이 정통이 된 사례는 많습니다. 유대교에 대하여 가톨릭(천주교)은 이단이었고, 가톨릭에 대하여 개신교가 이단이고, 개신교 안에서 헤아릴 수 없을 정도로 많은 교단이 이단으로 분류되었다가 정통 교단이 되곤 했습니다. 영국 성공회에 대하여 감리교가 이단이었습니다. 한국에서 순복음교회는 개신교 안에서 이단이었습니다. 그러나 현재 순복음교회는 한국에서 단일 교회로서 가장 신도가 많은 교회가 되었기 때문에 순복음교회를 더 이상 이단이라고 하지 않습니다.

불교에서도 이단과 정통의 논란은 계속되었습니다. 초기불교에서 부파불교는 이단이었습니다. 또한 불교의 목표를 중생 구원에 둔 대승 불교는 초기불교 입장에서 보면 이단인 것입니다. 그리고 현재 도교의 신비적인 요소 등이 부가된 많은 한국 불교는 초기불교나 대승 불교 입장에서 보면 이단입니다.

가정연합은 기독교 입장에서 이단이지, 종교적인 입장에서 보면 유일신 하나님을 믿고 지상천국 실현을 목표로 하는 모범적인 교회입니다. 가정연합은 현재 전 세계 160여개국에 선교본부를 둔 세계적인 교회요, 주류 교회의 하나가 되었습니다. 교회 역사에서 창시자 당대에 세계적인 주류 교회의 대열에 서게 된 것은 가정연합이 유일합니다.

기독교인들이 가정연합을 '사이비'라고 비난하는 소리도 들리고 있지만, 사이비 종교란 일반적으로 사회에 해악을 끼치거나 미혹하는 행위를 하는 종교를 말합니다. 그러나 본래 사이비(似而非)란 '유사하다'는 어원에서 나온 말로 '진짜같이 보이나 실은 가짜인 것'을 말합니다. 종교에서 사이비라는 말을 쓰는 것은 가짜라는 말보다는 보통 주류 종교에서 새로운 종교에 대하여 이르는 말로 쓰고 있습니다.

여러 종교 중에서 특히 기독교가 가정연합을 '사이비'라고 많이 비판을 합니다. 가정연합이 기독교 경전인 성경을 경전으로 삼고 있지만 성경에 대한 다른 해석을 하기 때문에 '사이비'라고 말하는 것 같습니다. 그러나 기독교가 가정연합을 사이비라고 하는 것은 경전의 해석 차이 때문에 그런 것만은 아닙니다. 기독교에서는 가정연합이 기독교에 해를 끼치고 사람들을 미혹하여 전도하고 세뇌시켜 통일교인을 만든다고 말합니다.

그러나 가정연합에 대한 기독교의 이러한 관점은 편견과 무지에서 비롯되었습니다. 가정연합은 이 사회와 국가를 위해 많은 희생과 봉사를 한 교회입니다. 1960년대의 농촌계몽운동과 1970년대의 승공운동을 주도하였으며, 1980년대 이후 건강한 사회를 위한 순결 및 참가정 운동, 세계평화를 위한 종교 간의 화해·일치 운동, 저개발국가의 식량 지원, 도덕과 가치관 운동 등 국가와 인류평화를 위하여 많은 노력과 재정을 투입하였습니다.

기독교에서 가정연합을 이단·사이비라고 몰아붙이는 일은 1950년대초 통일교회가 창설된 후 많은 젊은이들, 특히 기독교가 설립한 학교인 이화여자대학교와 연세대학교의 학생들 다수와 몇몇 교수들이 통일교회에 입교하면서 시작되었습니다. 이화여자대학교와 연세대학교는 학생들의 가정연합 신앙을 저지하기 위하여 가정연합을 '사이비 종교'라고 당국에 고발했고, 가정연합 창시자 문선명 총재를 구속 수사하게 만들어 사회 이슈화를 시킨 것입니다.

가정연합 창시자 문선명 총재는 기독교의 무고로 서대문 형무소에 수감되었지만 석 달 만에 무죄 석방되었습니다. 기독교계는 여기에 대하여는 아무런 사과나 해명도 없이, 구속 사실만 부각시켜 가정연합이 이단·사이비로 낙인 찍히도록 한 것입니다. 대한민국은 법치국가요 민주국가입니다. 가정연합이 대한민국에 존재하고 있으며 오늘날 세계 각 국에 선교본부를 둔 종단이 것으로 볼 때도 '사이비 종교'라는 주장은 근거가 없습니다.

확실히 《원리강론》은 지금까지의 한국의 신학계가 내놓은 신학서 중에서 그 양에 있어서나, 그 체계에 있어서나, 그 상상력과 독창성에 있어서나 최고의 것으로 인정됨 직한 것이다. 뿐만 아니라 《원리강론》은 한국적인 신학을 지향하고 있는 점에서도 특이하며, 기존의 여타의 시도들과 제안에 도전하고 있고, 세계 교회의 갱신 기풍을 선도하고 있다는 점 등에서 주시와 연구의 대상이 됨 직하다.

(서남동, 《전환시대의 신학》, 435)

• 서남동 : 전 연세대학교 신학대학 교수, 신학대학원장

09

교단 명칭은
왜 바뀌었나요?

　가정연합은 1954년 5월 1일 '세계기독교통일신령협회'라는 명칭으로 창립되었습니다. 가정연합의 처음 명칭이었던 통일교회는 세계기독교통일신령협회의 약칭입니다. 이렇게 약칭을 사용한 이유는, 세계기독교통일신령협회라는 호칭이 길어서 사용하기 불편한 점도 있었지만, 세상 사람들이 '저 교회는 통일을 주장하고 통일을 지향한다.'고 하여 키워드인 통일을 따서 통일교회라고 부르게 되었기 때문입니다. 이는 마치 기독교 초기의 사람들이 '그리스도를 따르는 사람들'이라고 하여 '크리스천(christian)'이라고 부른 것처럼 '통일을 주장하는 사람들'이라는 의미로 자연스럽게 통일교인이라고 부르게 된 것입니다.

　가정연합 창시자 문선명 총재는 1994년 5월 1일 세계기독교통일신령협회 창립 40주년을 맞아 '가정맹세'를 선포하고, 이어 10월 9일 세계평화통일가정연합을 결성한다고 발표하였습니다. 1996년 7월 30

일 미국 워싱턴DC에서 세계평화통일가정연합 창립대회를 개최하고, 1997년 4월 10일부터 세계기독교통일신령협회를 세계평화통일가정연합으로 명칭을 변경할 것을 지시하였습니다.

    교회, 즉 에클레시아(ecclesia)의 의미는 '하나님의 백성의 모임'을 의미합니다. 하나님을 모시는 백성들의 모임이 교회입니다. 이러한 의미로 교회를 이해하게 되면 가정연합에서 교회란 축복가정 공동체의 모임을 의미합니다. 축복가정 개개의 가정이 가정교회입니다. 이 개개의 가정교회가 연합한 조직체를 세계평화통일가정연합이라고 합니다.

    1997년 4월 세계기독교통일신령협회로부터 세계평화통일가정연합으로 명칭 변경이 선포된 후, 통일교회라는 이름은 세계평화통일가정연합으로 명칭을 변경하여 사용하고 있습니다. 세계평화통일가정연합이 중심적으로 선두에 서서 교회 본연의 사명과 역할을 해 나가고 있는 것입니다.

    2017년 11월부터는 하나님을 모시고 새 시대를 연다는 차원에서 한국에서는 '신한국가정연합'이라는 이름을 세계평화통일가정연합과 병행하여 사용하고 있습니다.

> **참고**

인류는 역사시대를 거쳐 오면서 평화시대를 찾아왔지만 통일을 몰랐습니다. 평화만 되어서는 안 됩니다. 중심이 없습니다. 그렇기 때문에 평화통일이 되어야 합니다. 그래서 세계평화통일가정연합이 나온 것입니다. 그 가정은 세계를 대표하고 하늘땅을 대표합니다. 평화, 수평만 되어서는 중심을 잡을 수 없습니다. 중심이라는 것은 90각도에 맞아야 됩니다. 그런 전체 내용의 복합적인 결론이 세계평화통일가정연합입니다. 평화만 해서는 아무 평가가 안 나옵니다. 주체가 있어야 됩니다. 그러니 사랑하는 효자의 길, 충신의 길, 성인의 길, 성자의 길을 가야 됩니다. 이것을 이루지 않고는 부모가 해방 못 되고, 나라가 해방 못 되고, 세계가 해방 못 되고, 하늘땅이 해방 못 되는 것입니다. 그 위에 수평이 이루어져야 거기서부터 해방이 벌어집니다.

(문선명 선생 말씀선집, 제315권, 302)

10

선교현황은
어떤가요?

　가정연합은 창시자 재세(在世)시에 세계적 종교가 된 유일한 종교라고 할 수 있습니다. 종교 역사에 창시자가 살아있는 동안 세계화된 종교는 없습니다. 가정연합은 창시자 문선명 총재가 살아 계신 동안 전 세계 160여개국에 선교본부를 두고 수백만의 신도를 가진 종교로 발전하였습니다.

　물론 여타의 종교처럼 신도의 숫자를 정확하게 헤아릴 수는 없습니다. 그것은 꼭 교회에 출석하는 교인만을 신앙인이라고 할 수 없기 때문입니다. 교회 예배에 출석하는 수십만의 신도가 있고 교회에 출석은 하지 않지만 가정연합 교리를 듣고 회심을 한 익명의 가정연합 식구들도 수백만 명이 되기 때문입니다.

　가정연합은 교리에 따라 국제축복결혼을 권장합니다. 그래서 국제교차축복결혼을 한 수많은 신도들이 있습니다. 예를 들면 한국인과 일본인과의 국제축복결혼을 받은 가정이 3만 쌍이 넘습니다. 그리고 일본뿐만 아니라 인종과 국경과 사상을 초월하여 축복결혼을 받은 국제축복가정이 수십만 쌍이 있습니다. 전 세계에 축복을 받은 가정의 가족을 합하면 어마어마한 세계가족이 되기 때문에 주류 종교가 주목하는 신종교가 된 것입니다.

과거 우리나라를 지배하였던 일본을 비롯한 전 세계 사람들이 한국을 신앙의 조국으로 받아들이고 인종과 민족과 국경과 사상을 초월하여 축복결혼에 참여할 수 있는 것은, 가정연합 창시자 문선명·한학자 총재의 말씀과 영적 지도력에 의한 것입니다. 문선명 총재의 진리 말씀을 담은 《원리강론》이 있고 문선명 총재의 말씀선집이 무려 600권이 넘고 있습니다. 가정연합이 짧은 기간에 세계화될 수 있었던 것은 바로 이 《원리강론》과 문선명 총재의 600권이 넘는 말씀선집에 담겨 있는 진리의 힘 때문입니다.

사랑의 이상 실현을 어디서부터 할 것이냐? 세계에서부터 해야 되느냐, 나라에서부터 해야 되느냐? 사랑이라는 말은 상대적이니까 개인적이 아닙니다. 그것은 우리 집에서부터 해야 됩니다. 세계를 아무리 통일했다 하더라도 자기 집을 통일 못 한 사람은 불행한 사람입니다. 천국은 집에서부터입니다. 예수님이 '회개하라. 천국이 가까웠다. 다 독신자만 모이면 천국 된다.'라고 했겠습니까? 아닙니다. 예수님은 뭘 어떻게 했습니까? '나는 신랑이요, 너희는 신부라.'라는 말은 가정을 표준으로 하고 한 말입니다. 재림하는 것은 신부를 찾아오기 위해서라는데, 그것이 우리의 집입니다. 예수님의 집을 만들기 위해서 온다는 것입니다. 하나님의 원칙적 이상가정이 이루어지지 않았던 것을 비로소 역사상에 예수님으로 말미암아 이런 모형 가정을 만들어 그것을 교본으로 해서 만민 앞에 교육을 하자는 것입니다. 그렇게 해서 그러한 가정을 연결시켜 세계화하는 것이 지상천국의 이념입니다.

(천성경, 제5편, 제4장, 6절, 26)

11

사회와 국가를 위해 기여하고 있는 것은 무엇인가요?

가정연합 식구들의 삶의 모토는 '위하여 살자'입니다. 이는 가정연합의 핵심 교리 가운데 있는 이성성상(二性性相)의 원리와 관계가 있습니다. 이성성상이란 두 가지 성품이 서로 상대적 관계에 있다는 의미입니다. 모든 존재는 상대적인 존재인데 한 존재의 존재목적은 상대를 위한 것입니다. 예를 들면 인간은 남자와 여자로 구분할 수 있는데 남자는 여자를 위해서 존재하고 여자는 남자를 위해서 존재한다는 것입니다. 따라서 이성성상으로 존재하는 모든 피조물은 서로 상대를 위해서 살도록 되어 있습니다.

가정연합의 교리 가운데 또 하나의 중요한 원리가 이중목적의 원리입니다. 한 개체가 존재하는 목적은 전체를 위한 것이고 전체가 존재하는 것은 개체를 위해서라는 것입니다. 내 개체가 존재하는 것은 자신의 행복을 위해 존재하며 전체로서의 가정을 위해 존재합니다. 이렇듯 모든 존재는 개체를 위한 목적과 전체를 위한 목적의 이중목적의 '연체'로 존재합니다.

이러한 원리에 의해 가정연합은 개체는 가정을 위해, 가정은 사회와 국가를 위해, 국가는 세계를 위해, 세계는 천주를 위해 존재한다고 봅니다. 또한 가정연합도 하나의 교회이면서 더 큰 전체로서의 국가와 세계를 위한 목적을 가지고 있습니다. 가정연합 창시자 문선명 총재는 '나와 통일교회가 희생되더라도 나라와 세계 인류를 위해 존재해야 한다.'고 가르쳤습니다.

가정연합은 지금까지 우리 사회와 국가 그리고 인류를 위해 헤아릴 수 없는 많은 노력과 재정적 투자를 해 왔습니다. 피폐한 정신을 고치고 도덕적인 재건을 위한 순결운동과 참가정운동, 남북통일을 위한 승공운동과 평화통일운동, 종교의 일치와 연합을 위한 초종교연합운동, 영구적인 평화실현을 위한 새 비전으로서의 평화유엔운동, 세계 인류를 하나로 묶기 위한 국제교차축복결혼, 인류평화 실현을 위한 평화상 시상, 소외층과 저개발국가의 경제적 지원을 위한 기업활동, 심정문화세계를 위한 예체능활동 등 헤아릴 수 없는 많은 일들을 펼쳐 왔습니다.

가정연합이 교회단체로서 이렇듯 정치, 경제, 문화, 사회, 예술 등 모든 분야에 투자하고 관여하여 왔던 것은 정신적인 세계는 물론 현실 세계도 개혁을 해야 하나님의 나라, 즉 천국이 이루어진다고 믿기 때문입니다. 외적인 면, 즉 물질세계도 하나님 편으로 복귀하여 지상 천국의 환경권을 조성하기 위해서입니다.

문선명·한학자 총재의 인류 평화를 위한 사업들은 이루 헤아리기 어려울 정도로 많다. 종교 지도자로서 이런 사업들을 하게 된 것은 양위분의 신념과 사상에 근거하고 있다. 양위분이 표방하는 세계는 지상천국이다. 즉 '한 하나님 아래 하나의 세계'를 실현하자는 것이 양위분의 이상과 목표이기 때문에 세속적인 물질문명과 문화를 선도하기 위한 사업도 펼치게 되었다.

다시 말하면 문선명·한학자 총재는 이러한 외적인 세계의 문화도 하나님 중심의 문화로 선도해야 하기 때문에 정신세계뿐만 아니라 물질세계도 이끌고 계신다. 문선명·한학자 총재는 어떤 부나 명성을 위해서 사업을 하지 않았다. 오로지 인류의 평화와 행복을 위해 부모의 심정으로 물질과 노력을 투입하였다. 인류 평화를 위한 가정연합의 프로젝트로서는 다음과 같은 것들이 있다.

평화세계 실현을 위한 주요 국제NGO 및 기업체

인류를 위한 세계평화운동 : 천주평화연합(UPF), 남북통일운동국민연합, 국제구호친선재단, 선학평화상, 초종교초국가평화의회(IIPC), 평화유엔, 세계평화국회의원연합(IAPP), 세계정상회의

• **정의사회구현을 위한 언론 및 출판 :** 세계언론인회의, 워싱턴타임스, 세계일보, 종교신문, 선학역사편찬원, 성화출판사, 세카이닛포, 고겐샤

• **신문명을 위한 과학·학술운동 :** 국제과학통일회의(ICUS), 세계평화교수협의회(PWPA), 통일사상연구원, 효정학술원, 천일국학술원, 선학평화연구원, 효정국제과학통일재단(HJIFUS)

• **글로벌리더 양성 교육기관 :** 선문대학교, 선학UP대학원대학교, 천주평화사관학교(UPA), 브리지포트대학교(미국), 통일신학대학원(UTS, 미국), 선화예술중·고등학교, 청심국제중·고등학교, 선정중·고등학교, 선정국제관광고등학교, 경복초등학교, 선화유치원, 효정세계평화재단

• **종교화합운동 :** 세계평화초종교초국가연합(IIFWP), 초교파기독교협회, 한국종교협의회, 세계평화종교인연합(IAPD), 미국성직자지도자회의(ACLC)

• **참가정운동 :** 세계평화통일가정연합(신가정연합), HJ천주천보수련원, 국제축복결혼식, 세계평화여성연합(WFWP), 순결운동본부

- **청년·학생운동** : 세계평화청년학생연합, 대학원리연구회(CARP), 세계평화무도연합, 청심국제청소년수련원, 세계평화청년학생연합(YSP)

- **심정문화 예술 스포츠** : 세계문화체육대전(WCSF), 리틀엔젤스예술단, 유니버설발레단, 피스컵, 피스퀸컵

- **평화를 위한 의료·사회복지 활동** : HJ매그놀리아국제병원, 국제의료봉사단, 국제구호친선재단, 사단법인 자원봉사 애원, 청심복지재단(청심빌리지), 다문화평화연합

- **평화사업 지원을 위한 산업과 기업 활동** : HJ매그놀리아재단, 효정글로벌통일재단, 주식회사 일화, 일신석재, 선원건설, 세일여행사, 일상해양산업, 디오션리조트, 용평리조트, 파인리즈리조트, 비체팰리스

- **국제평화고속도로 프로젝트** : 한일해저터널, 베링해협해저터널, 세계평화도로재단

• 자료: 가정연합, 선문대학교 홈페이지

12

어떤 세계를 추구하고 있나요?

가정연합이 이루고자 하는 궁극적 세계는 하나님의 나라, 곧 지상천국입니다. 가정연합은 지상에 천국을 이루지 않고는 천상에도 천국이 이루어지지 않는다고 봅니다. 지상에서 천국을 이루어 경험하지 않고는 사후의 세계에 가서도 천국을 인지할 수 없는 것입니다. 사후의 세계에서 천국에 들어가기 위해서는 반드시 지상에서 천국을 경험해야 합니다.

그래서 예수님은 베드로에게 "내가 천국 문 열쇠를 네게 주리니 네가 땅에서 무엇이든지 매면 하늘에서도 매일 것이요, 네가 땅에서 무엇이든지 풀면 하늘에서도 풀리라."(마태복음 16장 19절)고 말씀하셨습니다. 지상에 천국을 이루어야 하늘나라에서도 천국이 이루어질 수 있다는 의미입니다.

흔히 하나님이 만들어 놓은 천국에 인간이 들어가면 되는 것이라고 생각하지만 가정연합의 견해는 다릅니다. 천국은 하나님의 섭리와 인간의 책임에 의해 이루어집니다. 천국은 하나님이 주신 3대축복(창세기 1장 28절)을 완성할 때 즉 개인 완성, 가정 완성, 주관성 완성을 통해 이루어지는 세계입니다. 3대축복은 하나님의 창조이상이자 창조목적이었으므로, 인간의 3대축복 실현이야말로 곧 천국의 실현이 되는 것입니다.

천국은 참사랑의 세계입니다. 이 참사랑을 체험할 수 있는 기본적인 단위가 가정입니다. 가정은 4대 사랑 즉 부모의 사랑, 부부의 사랑, 형제의 사랑, 자녀의 사랑을 경험하고 완성하는 장입니다. 참사랑은 가정에서 경험되기 때문에 가정은 사랑의 기초훈련장으로서 천국의 기본단위가 됩니다. 하나님의 나라, 즉 천국은 가정에서 경험되고 완성되어야 하기 때문에 가정연합은 참가정운동을 하는 것입니다. 가정의 천국으로부터 종족, 국가, 세계, 천주적 차원의 천국이 실현되는 것입니다.

하나님께서도 어디 출타했다가 그리워서 다시 찾아올 수 있는 그런 가정을 여러분이 찾아 세워야 되는 것입니다. 부모가 자식의 집을 찾아가듯 기쁜 마음으로 편하게 찾아오는 가정을 준비하라는 것입니다. 그것이 바로 하나님을 모시고 사는 삶입니다. 이런 가정에는 하나님께서 종적으로 양심적인 주체가 되고, 여러분의 마음은 그 종적 주체를 따라 자기 자신의 종적 주체 자리에 서서 몸 마음을 통일하는 것입니다. 그곳에는 부모의 사랑, 부부의 사랑, 자녀의 사랑, 형제의 사랑, 이렇게 4대 사랑권, 즉 4대 심정권의 완성을 보는 것입니다. 이런 가정이라야 상하·좌우·전후가 하나로 연결되어 구형운동을 계속하게 되며 영존하게 되는 것입니다. 따라서 영존하게 되는 하나님의 모델적 이상가정과 이상국가와 평화이상왕국이 되는 것입니다.

(천성경, 제13편, 제1장, 2절, 16)

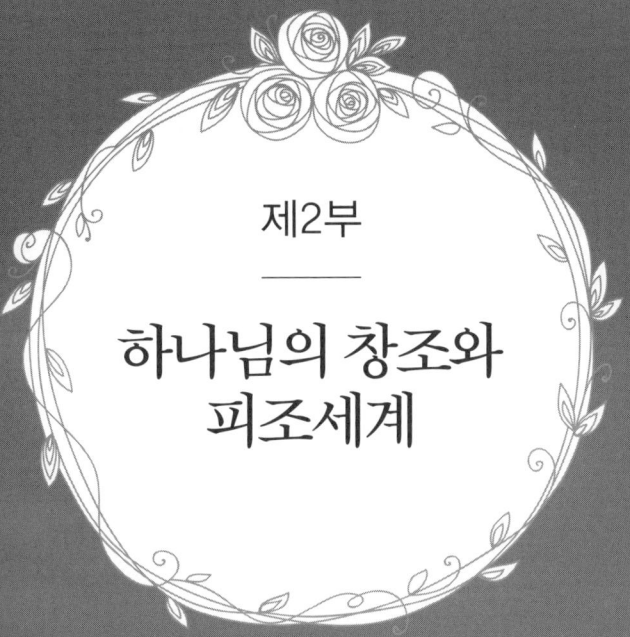

제2부

하나님의 창조와
피조세계

01

하나님이 존재하신다는 것을
어떻게 알 수 있나요?

신이 존재한다는 것을 이론적으로 설명하기는 어렵습니다. 신은 인간의 이성과 관념으로는 설명할 수 없는 분이시기 때문입니다. 물론 서양 중세의 스콜라 철학에서 신을 논리적으로 설명하기 위해 우주론적 해석, 목적론적 설명, 존재론적 설명 등의 설명을 시도한 바 있습니다. 그러나 신이 존재한다는 것을 증명하려는 이러한 시도들도 인간의 이성과 언어의 한계 안에서 설명한 것이지 무형으로 존재하시는 절대자 하나님의 전 존재를 설명하기에는 한계를 갖습니다.

따라서 칸트 같은 철학자는 "어떠한 형식으로건 신의 존재를 설명한다는 것은 불가능하다."고 하였습니다. 신은 사유될 뿐이지 그 존재를 증명할 수 없다고 하였습니다. 역으로 신이 존재하지 않는다고 증명할 수도 없습니다. 다만 많은 사람들은 경험에 의해 신의 존재를 인식하고 경험하고 있습니다. 이성에 의해 신을 이해한 사람들보다 경험에 의해 신의 존재를 느낀 사람들이 많은 것입니다. 역사적으로 종교가 없었던 때는 없습니다. 그것은 신의 존재를 인식하고 경험한 사람들이 있기 때문입니다.

신의 존재를 인간의 이성으로 설명할 수는 없으나 신의 실재를 느낄 수 있고 그의 사랑을 경험할 수는 있습니다. 신의 실재를 느끼고 경험하고 신과 일치된 사람들이 이른바 종교의 창시자들입니다. 종교의 창시자들은 신의 존재와 그의 사랑을 경험한 사람들이기 때문에 신에 대한 증언자로서 신의 뜻과 사랑을 전달하는 것입니다. 종교 창시자들이 신을 만나고 느낀 경험이 같다는 것은 신의 존재를 간접적으로 증명하는 것이라고 할 수 있습니다.

칸트도 신의 존재를 부정한 것이 아닙니다. 인간의 이성과 언어로는 신의 존재를 증명하는 것은 불가능하기 때문에 신을 인간의 이성과 언어의 한계에 제한시키지 말라는 것이었습니다. 칸트는 신을 증명하려 하지 말고 사랑의 신으로, 그리고 절대자로 존재하도록 내버려 두라고 한 것입니다. 따라서 신의 존재와 사랑을 느끼고 경험하기 위해서는 먼저 신을 믿고 내가 그에게 다가가야 합니다. 먼저 내가 신을 믿을 때 그가 내게 다가오는 것입니다.

성경 로마서 1장 20절에 "창세로부터 그의 보이지 아니하는 것들 곧 그의 영원하신 능력과 신성이 그의 만드신 만물에 분명히 보여 알게 되나니 그러므로 저희가 핑계치 못할찌니라."고 하였습니다. 작품을 통해 작가의 성품과 솜씨를 알 수 있듯이 하나님의 능력과 신성을 하나님이 창조하신 만물을 통해서 알 수 있다는 말입니다.

신을 경험하고 그의 뜻과 일치되었던 종교 창시자들의 신에 대한 계시와 증언으로 이루어진 경전을 보면 신을 느끼고 깨닫게 될 것입니다. 한편 기도를 통하여 하나님과 교통한 많은 사람들의 증언이 있습니다. 그들의 증언을 믿고 실천하면 나도 신과 교류할 수 있을 것입니다.

막연하게 관념적으로만 신의 실존을 인식해서는 안 될 것입니다. 그러나 논리적인 면으로만 신의 실존을 인식하려면 (그것도) 무리일 것입니다. 왜냐하면 논리권 내에 머무르는 신이 아니기 때문입니다. 여러분은 생활권 내에서 신의 실존을 체휼하기를 바라고 있고, 신의 실체와 만나기를 흠모하고 있습니다. 그러나 그 신의 실체를 신앙의 대상으로 세워놓고 나가려 할 때 여러 가지 의심되는 일이 많을 것입니다. 그렇다고 해서 그 의심의 조건에 걸려 나아가지 못하면 안 되고 그것을 통과하지 않으면 안 됩니다.

(문선명 선생 말씀선집, 제3권, 10)

02

하나님은
어떻게 존재하나요?

하나님의 존재는 과학적으로 증명할 수 없지만, 하나님이 어떻게 존재하는지는 유추할 수 있고 경험할 수 있습니다. 사도 바울이 "창세로부터 그의 보이지 않는 것들 곧 그의 영원하신 능력과 신성이 그 만드신 만물에 분명히 보여 알게 되나니 그러므로 저희가 핑계치 못 할찌니라(로마서 1장 20절)"고 하였습니다. 사도 바울의 증언처럼 하나님의 존재 형태와 그의 성품은 그가 만드신 피조물에 드러나 있습니다.

예수님은 아버지 즉 하나님을 보여 달라는 빌립에게 "나를 본 자는 하나님을 보았거늘 어찌하여 아버지를 보이라 하느냐?"고 대답하셨습니다. 이어서 "아버지께서 내 안에 계셔 그의 일을 하시는 것이라."(요한복음 14장 8-10절)고 하셨습니다. 이는 진리의 실체로 완성한 예수님에게 하나님의 능력과 신성이 내재해 있다는 말입니다. 예수님뿐만 아니라 완성된 인간, 즉 하나님과 일체된 인간에게는 하나님의 신성과 능력이 내재하여 있습니다. 그래서 예수님은 "내가 길이요 진리요 생명이라."고 말씀하신 것입니다.

《원리강론》에 의하면 "피조물은 모두 무형의 주체로 계시는 하나님의 이성성상을 닮아 실체로서 분립된 하나님의 실체대상인 개성진리체"라고 했습니다. 하나님의 신성과 능력은 인간과 만물 속에 내재해 있는 것입니다. 개성진리체로서의 인간과 피조만물 안에 하나님의 진리가 내재해 있습니다. 인간을 비롯한 피조만물 안에 하나님의 신성과 능력으로서의 성상과 형상의 이성성성의 진리, 음성과 양성의 이성성상의 진리, 만유원력과 수수작용의 진리가 내재해 있는 것입니다.

이성성상을 중심하고 본 하나님과 피조세계와의 관계를 요약하면, 피조세계는 무형의 주체로 계시는 하나님의 이성성상이 창조원리에 의하여 상징적 또는 형상적인 실체로 분립된 개성진리체로써 구성되어 있는 하나님의 실체대상이다. 즉 만물은 하나님의 이성성상이 상징적인 실체로 분립된 실체대상이요, 인간은 그것이 형상적인 실체로 분립된 실체대상이다. 그리고 하나님과 피조세계는 성상과 형상과의 관계와 같아서 내외, 원인과 결과, 주체와 대상, 종과 횡 등 이성성상의 상대적인 관계를 가지고 있는 것이다.

《원리강론》, 28)

하나님의 마음은 하나님의 말씀 속에만 있는 것이 아니라 하나님이 지으신 만물 속에도 있습니다. 하늘땅 어디를 가든지 거기에 하나님의 마음이 있다는 것입니다. 그렇기 때문에 하나님은 계시지 않은 곳이 없다, 즉 무소부재하다고 했습니다. 하나님의 마음속에 있기를 원한다면 여러분이 바라보는 물건 가운데 하나님의 마음이 있으니 그 물건을 내 것으로, 천지의 모든 존재물을 내 것으로 품고자 하는 마음을 가져야 합니다. 우리 마음은 이 민족을 넘고, 세계를 넘고, 피조만물을 넘어 하나님과 같이 있고 싶어 합니다. 하나님까지도 내 것이라 할 수 있는 자리에까지 가기를 마음은 고대하고 있습니다. 그런 마음을 가진 사람은 하나님과 같이 있는 사람입니다.

(천성경, 제1편, 제1장, 1절, 38)

03

왜 하나님을
하늘부모님이라고 부르나요?

창세기 1장 26절에 "하나님이 가라사대 우리의 형상을 따라 우리의 모양대로 우리가 사람을 만들고 그로 (하여금) 바다의 물고기와 공중의 새와 육축과 온 땅에 기는 모든 것을 다스리게 하자."라고 하였습니다. 이어서 27절에는 "하나님이 자기 형상 곧 하나님의 형상대로 사람을 창조하시되 남자와 여자를 창조하시고"라고 했습니다. 하나님은 남성과 여성의 이성성상의 중화적 존재로 계시다는 의미입니다.

히브리인들은 예로부터 하나님의 거룩하신 호칭을 부르는 것을 신성모독이라고 생각하여 하나님의 호칭을 잘 쓰지 않았습니다. 따라서 창세기 1장 26절에서 '우리'라는 복수형을 쓴 것은 하나님의 호칭을 쓰지 않기 위해서이거나 인간 창조 전에 창조되어 하나님의 창조의 위업을 도왔던 천사들까지 일컫기 위해서였다고 볼 수 있습니다.(유형기 편, 《성경 주해 1권》, 한국기독교문화원, 120)

하나님이 인간을 자기의 형상대로 남자와 여자로 창조하셨다는 것은 하나님은 남성적 특성과 여성적 특성 모두를 갖고 계시다는 의미입니다. 하나님은 본양성과 본음성의 이성상상의 주체로 계시는 분으로 자신을 닮은 기쁨의 대상으로 피조세계를 창조하신 것입니다.

성경적으로나 원리적 관점에서 볼 때 '하나님 아버지'를 '하늘부모님'이라 호칭하는 것은 당연한 귀결입니다. 최근에 기독교 신학에서 하나님을 'God(He/She)'으로 표현하는 것도 이러한 맥락에서입니다. 그리고 서양의 여성 신학자들도 '하나님 아버지'를 '하늘부모님'으로 부르자는 운동을 펼치고 있습니다. 하나님을 '하늘부모님'이라 호칭하는 것은 신학적 관점이나 원리적 관점에서 조금도 어긋남이 없습니다.

> **참고**

구약시대에는 하나님을 여호와라고 했습니다. 신약시대에는 하나님 아버지로 불렀습니다. 기원절은 하나님의 꿈이 이뤄지는 날입니다. 그래서 이제는 명칭을 바꾸려고 합니다. 기도할 때는 하나님을 '하늘부모님'으로 바꿔야 합니다. 영어로 '헤븐리 페어런츠(Heavenly Parents)'입니다. 영어로 해도 부드럽고 한국말로 해도 의미가 있습니다. 하나님은 하늘부모님입니다. 기도할 때 제일 먼저 나오는 단어가 하늘부모님, 그다음에 사랑하는 천지인 참부모님, 이렇게 되어야 합니다. 그리고 앞으로 통일교라는 명칭 대신 세계평화통일가정연합으로 변경합니다.

(천성경, 제12편, 제4장, 3절, 38)

04

하나님이 인간을 창조하신 목적은 무엇인가요?

인생의 목적과 방향을 알기 위해서는 하나님이 인간을 창조하신 목적을 알아야 합니다. 인간과 만물의 존재목적은 바로 하나님의 창조목적과 일치합니다. 따라서 인생과 우주의 근본 문제를 해결하기 위해서는 하나님이 피조세계를 창조하신 목적을 먼저 알아야 합니다.

'존재가 먼저냐, 존재의 목적이 먼저냐?' 하는 문제는 우리 인간을 보면 알 수 있습니다. 내가 존재하고 보니까 존재의 목적이 설정된 것이 아니라, 먼저 존재의 목적이 설정되었기 때문에 인간이 존재하는 것입니다. 인간의 정신과 신체의 구조는 그 존재의 목적에 맞게 형성된 것입니다. 예를 들면 인간은 보아야 할 세상이 있기 때문에 세상에 나오기 전부터 세상을 볼 수 있는 눈이 만들어진 것입니다. 이렇듯 목적이 먼저라는 것은 목적을 설정한 원인자로서의 하나님이 존재하신다는 것입니다.

존재는 어떤 조건의 결합에 의해 형성되는데 한 목적을 위해서 그 조건이 결합됩니다. 인간도 물질, 느낌, 감정, 생각 등의 결합에 의해 인간이 되는데 이들 요소가 결합하는 것은 우연히 저절로 되는 것이 아닙니다. 한 목적을 향하여 결합이 됩니다. 그 목적은 창조주 하나님의 창조목적을 위해서입니다.

하나님이 인간을 창조하신 목적은 성경에 나타나 있습니다. 성경 창세기를 보면 하나님이 인간을 창조하시고 '보시기에 좋았다.'고 기쁨을 표현하셨습니다. 이 말씀으로 인간의 창조목적은 하나님께서 기쁨의 대상으로 삼기 위함임을 알 수 있습니다. 창조주 하나님도 그의 대상이 있을 때 기쁨을 누리실 수 있기 때문에 인간을 창조하신 것입니다.

창세기 1장 28절에 보면 하나님은 인간을 지으시고 세 가지 축복, 즉 3대축복을 주셨습니다. "생육하라." "번성하라." "만물을 주관하라."입니다. 생육하라는 것은 개체를 완성하라는 것이고, 번성하라는 것은 가정을 완성하라는 것이고, 만물을 주관하라는 것은 만물에 대한 주관성을 완성하라는 것입니다. 이 3대축복 완성은 하나님을 중심한 완성입니다. 하나님과 종적인 관계의 완성을 세우고 인간과 인간, 그리고 인간과 자연과의 횡적 관계를 완성하라는 의미입니다.

하나님의 창조목적은 기쁨입니다. 기쁨을 누리시고자 인간과 세상을 지으셨습니다. 그런데 기쁨은 홀로는 느낄 수 없습니다. 기쁨을 누리려면 반드시 대상, 짝이 필요합니다. 주체와 대상이 서로 상대기준을 이루어 주고받을 때 비로소 기쁨을 느낄 수 있습니다. 그리고 최고의 기쁨은 사랑을 주고받을 때 느낄 수 있습니다. 그래서 하나님은 인간을 대상으로 지으시고, 그 대상과 더불어 무한한 사랑을 주고받으면서 영원히 기쁨을 누리고자 하셨던 것입니다. 그것이 곧 창조목적입니다. 이와 같은 창조목적을 이루기 위하여 인간조상으로 아담과 해와를 지으셨습니다. 그 아담과 해와가 하나님의 완전한 기쁨의 대상이 되어 사랑을 주고받으며 선한 자녀를 번식하였더라면, 바로 그 가정이 확대되어 사회가 되고, 그 사회가 발전하여 국가가 되며, 그 국가는 세계로 발전되어 이 지구는 아담족(族) 일족으로 충만하고, 이 땅 위에는 하나님의 선과 사랑을 완성한 기쁨의 세계가 이루어졌을 것입니다.

(천성경, 제4편 제1장, 3절, 2)

05

하나님께서 피조세계를 창조하신 동기와 과정은 무엇인가요?

하나님은 심정이 동기가 되어 기쁨과 사랑의 대상으로 인간과 만물을 창조하셨습니다. 심정이란 '한없이 사랑하고 싶은 정적인 충동'입니다. 하나님 홀로 기쁘고 혼자서 사랑할 수 없습니다. 대상이 있어야 사랑할 수 있습니다. 대상을 사랑하는 정적인 자극에 의해 실제로 대상을 사랑할 때 기쁨이 나타나는 것입니다. 하나님은 심정의 하나님이시기 때문에 하나님의 피조세계의 창조는 절대적이고 필연적인 것입니다.

하나님은 심정이 동기가 되어 기쁨과 사랑의 대상으로 인간과 만물을 창조하셨습니다. 하나님이 인간과 만물을 창조하신 과정은 먼저 창조목적을 설정하시고, 그 창조목적을 실현할 대상으로 피조세계를 창조하셨습니다. 하나님은 인간 삶의 터전으로 먼저 천지만물을 창조하시고 자신의 형상대로 사람을 창조하신 것입니다.(창세기 1장 27절)

하나님이 인간을 창조하실 때 창조의 구상은 로고스(이념, 이법)이고 창조의 원력은 만유원력(萬有原力)입니다. 만유원력은 하나님이 스스로 영원히 자존하시는 절대적인 분으로 존재하시기 위한 힘입니다. 그리고 이 근본된 힘에 의해 만물이 생존, 번식, 작용할 수 있는 수수작용(授受作用)의 힘이 나오게 되는 것입니다. 하나님께서는 심정이 동기가 되어 만유원력과 수수작용의 원리에 의해 피조만물과 인간을 창조하신 것입니다.

> **참고**

이제 여러분에게 역사적인 하나님의 심정을 중심삼고 표준을 제시하는 것입니다. 인류의 발원은 어디서부터 출발되었느냐? 하나님의 기쁘신 마음에서부터 출발되었습니다. 창조의 출발은 기쁨으로부터 출발되어졌다는 것입니다. 본래의 발원지가 기쁨이라는 것입니다. 그러면 기쁨은 어디서 생기느냐? 목적의 성취라든가 소원성취로 인해서 생기는 것입니다. 그것이 없어 가지고는 기쁨이 생길 수 없습니다. 그러기에 그 기쁨은 일시적인 것이 아니라 영원한 것이어야 합니다. 그것으로 말미암아 하나님께서 영원을 두고 자극받을 수 있고, 그것으로 말미암아 영원히 빛날 수 있고, 영원히 품고 기뻐할 수 있는 것이어야 합니다. 그러면 그것이 무엇일 것이냐? 물질도, 사람도 아닌 사랑입니다. 사랑을 중심삼고 창조한 세계이기 때문에, 기쁨을 목적으로 한 그 결과는 반드시 사랑으로 종결됩니다. 다시 말하면 존재와 창조의 발원은 사랑의 목적을 이루어서 펼치는 데 있습니다. 이런 무한하신 하나님의 사랑의 목적을 중심삼고 사랑할 수 있는 본마음의 바탕, 이것이 바로 심정입니다. 그 가치는 변하지 않는 것입니다. 하나님의 존재의 가치를 논하려면 이 사랑을 붙들고 논해야 됩니다. 가치라는 것은 상대적 여건이 이루어진 가운데에서 결정됩니다. 그렇기 때문에 기쁨이라는 것은 하나님의 심정에서부터 출발합니다. 그리하여 그 목적이 어디에서 이루어지느냐 하면 인간에게서 이루어집니다. 보이지 않는 하나님의 심정이 보이는 인간의 심정에서 현현되는 것입니다. 그리하여 그런 심정을 지닌 인간이 횡적으로 뻗어나가 하나의 가정을 이루게 되면 그 가정이 세계적으로 뻗어나가 세계의 중심이 됩니다. 그런 가정을 이루라고 하나님께서 아담 해와에게 생육하고 번식하라고 축복하신 것입니다. 천주주의는 번식해서 만물을 주관하는 그 바탕 위에서 성립됩니다. 그러니 앞으로 여러분은 그 내용을 중심삼고 살아가야 합니다.

그런 자리에서 태어나서 자고, 먹고, 말하고, 보고, 듣고, 웃고, 느끼면서 장성한 후 시집 장가가서 아들딸 낳고, 그 아들딸을 교육시켜서 그들을 다시 시집 장가를 보내고, 그런 가운데서 살다가 그런 가운데서 죽어가야 합니다. 그 죽음은 다릅니다. 태어난 자리와 출발의 자리도, 죽음의 자리도 다르다는 것입니다. 태어난 자리와 죽음의 자리가 타락한 인간과 같으면 지옥 가지 천국 못 가는 것입니다. 본래 에덴동산에서 아담 해와는 지옥과 상관없는 자리에서 태어났습니다. 그렇기 때문에 지옥과 상관이 있는 조건을 가지고는 천국에 못 갑니다. 인간은 하나님의 심정에서 출발했으니 하나님의 심정의 자리에 도달해야 됩니다. 사탄의 참소조건을 남겨서는 안 됩니다. 하나님의 심정에서 태어났으니 그 심정에서 살다가 죽어야지 그러지 않으면 하나님의 아들딸도, 하늘나라의 백성도 될 수 없습니다. 여러분, 자신의 껍데기를 전부 벗기고 마음의 보따리를 풀어놓고 그 속에 들어 있는 천 가지 만 가지의 모든 것을 낱낱이 한번 보십시오. 전시해 놓고 보라는 것입니다. 거룩한 것 같던 여러분의 마음이 해괴망측하다는 것입니다. 얼룩덜룩하다는 것입니다. 얼룩덜룩한 것은 그래도 괜찮습니다. 울긋불긋하다는 것입니다. 하나님이 제일 싫어하는 그런 것들로 가득 차 있다는 것입니다. 이런 마음보들을 가지고 살면서도 우리 아빠 엄마 형제를 사랑한다고, 수작들은 잘한다는 것입니다. 그러면 무엇을 기반으로 해서 살아야 되느냐? 하나님의 심정입니다. 하나님의 심정을 중심삼은 가정을 기반으로 해서 살아야 됩니다. 거기에서 태어나고, 거기에서 살고, 기뻐하는 것도 거기에서 기뻐하고, 울더라도 거기에서 울고, 죽더라도 거기에서 죽어야 된다는 것입니다. 이렇듯 통일교회에서 말하는 심정이라는 것은 근본적인 내용을 중심삼고 말합니다.

(문선명 선생 말씀선집, 제27권, 28-30)

06

남자는 여자보다
더 우월하다고 보나요?

모든 존재는 양성과 음성의 이성성상으로 존재합니다. 이성성상이란 두 성품이 서로 상대적 관계를 통해서 존재한다는 의미입니다. 한쪽의 존재를 부정하면 다른 쪽이 존재할 수가 없는 관계입니다. 인간 역시 양성적 남성과 음성적 여성의 이성성상으로 존재합니다. 그리고 양성과 음성의 관계를 주체와 대상의 관계로 보고 있습니다. 여기서 주체와 대상은 일반적 개념으로서의 우열이나 상하를 말하는 것은 아닙니다. 남자 없는 여자가 존재할 수 없고 여자 없는 남자가 존재할 수 없는 것처럼 주체와 대상은 동위·동격의 관계입니다.

기독교인들은 고린도전서 11장 7절의 "남자는 하나님의 형상과 영광이니라."는 성구에 근거하여 남자를 우월한 존재로 보기도 합니다. 그러나 이 성구는 예수님이 말한 것이 아닙니다. 사도 바울의 신학적 관점에서 나온 말입니다. 바울은 여자를 남자보다 약하게 만들어진 피조물이라고 생각했습니다. 바울의 남성우월주의 사고에서 "남자는 하나님의 형상과 영광이니라."고 말한 것입니다. 예수님 당시 고대 근동 지역에는 남성우월주의 문화가 강하였기 때문에 바울의 이런 사고에도 영향을 미쳤습니다. 남성우월주의는 자신의 형상대로 남자와 여자를 지으신 하나님의 관점이 아닙니다.

《원리강론》이나 문선명 총재의 말씀에는 남자가 우월하고 여자가 열등하다고 표현된 곳은 없습니다. 문선명 총재는 "남자는 하나님의 남성성품을 대신하고 여자는 하나님의 여성성품을 대신하는 것이다. 남자는 여자를 위해 존재하고 여자는 남자를 위해 존재한다."고 말씀하셨습니다. 즉 남자와 여자는 하나님의 본양성과 본음성을 닮은 양성과 음성의 이성성상의 존재인 것입니다.

아담 해와가 하나님의 왕자 왕녀가 되면 하나님과 부자관계가 되어 하나님의 전체를 상속받을 수 있게 됩니다. 이러한 자녀가 참사랑을 중심한 부부일체를 완성하면 하나님을 모시고 사는 가정이 되는 것이요, 그 가정은 평화와 이상의 기지가 되는 것입니다. 반쪽씩인 남자와 여자가 일체가 되어 완전한 하나님의 상대로서 하나님의 이상적 사랑을 완성하게 되는 기지라는 것입니다. 다시 말해서 참사랑을 중심하고 하나님은 인간을 무한 가치의 존재로 완성시킴으로써 하나님도 참사랑의 완성을 보아 영원한 이상애(理想愛)가 깃드는 창조이상세계를 완성하시게 된다는 뜻입니다.

(천성경, 제13편, 제1장, 3절, 3)

참고2

하나님께서 남자와 여자를 지으신 목적은 둘이 사랑하여 하나 되게 하기 위해서였습니다. 아담은 아담을 위해, 해와는 해와를 위해 만들었던 것이 아닙니다. 아담은 해와를 위해, 해와는 아담을 위해 지으셨습니다. 또한 하나님 자신의 사랑과 기쁨을 위해 아담과 해와를 지으셨던 것입니다. 하나님이 아담과 해와를 지은 것은 지식, 권력, 돈 때문이 아닙니다. 전지전능하신 하나님은 그런 것들이 필요했던 것이 아니라 오직 사랑이 필요했던 것입니다. 하나님께서 아담과 해와를 지은 것은 지식을 주기 위한 것도 아니고 권력을 주기 위한 것도 아니며, 많은 재물을 주어 잘살게 하기 위한 것도 아닙니다. 그들을 창조한 목적은 사랑의 실체로 세우기 위해서였던 것입니다.

(천성경, 제1권, 제2장, 3절, 1)

07

사후의 세계와 천국은
어떤 세계인가요?

《원리강론》에 의하면 모든 세계는 마음과 같은 성상(性相)의 세계와 몸과 같은 형상(形狀)의 세계로 되어 있다고 하였습니다. 즉 모든 세계는 보이지 않는 세계와 보이는 세계로 이루어져 있는 것입니다. 예수님도 우리가 보는 세계는 보이지 않는 세계의 모형이자 그림자라고 하였습니다.(히브리서 8장 5절) 보통 보이는 세계를 육계(肉界)라고 하고 보이지 않는 세계를 영계(靈界)라고 합니다.

마음의 세계는 보이지 않지만 시간과 공간을 초월해 있듯이 보이지 않는 세계는 영원하고 무한한 세계입니다. 영계는 영원하고 무한한 세계입니다. 영계는 시간과 공간을 초월하는 영원한 세계로 존재하는 것입니다. 그러나 영계는 과학과 이론으로는 설명할 수가 없습니다. 그 세계는 이성과 과학을 초월하는 세계이기 때문입니다. 다만 존재세계의 원리와 특성을 통해서 영계가 존재함을 유추할 수 있는 것입니다.

우리의 주위에는 죽었다 깨어난 사람들의 영계에 대한 증언이 있습니다. 그들의 임사(臨死) 체험을 통한 영계의 증언에는 유사한 점이 많습니다. 임사 체험자들이 보고 경험한 영계에 대한 증언에 따르면 지옥과 천국이 존재합니다. 그들이 본 지옥과 천국에 대한 증언도 거의 유사합니다. 이처럼 영계에 대한 경험의 내용이 유사한 것으로 보아 영계가 존재한다고 볼 수 있습니다.

인간은 3시대를 살도록 창조되었습니다. 즉 어머니 모태에서 10개월, 지상에서의 100년 전후, 지상의 삶을 마치고 영계에서 영원한 삶을 살도록 되어 있습니다. 모태에서의 10개월이 지상의 삶의 준비기간이듯이 지상에서의 100년 전후는 영계의 영원한 삶을 준비하는 기간입니다. 즉 지상에서의 삶은 영계에서 영원한 삶을 누릴 수 있는 영인체를 완성하는 기간입니다.

인간이 지상의 육신생활을 마치면 영계에서 영원하고 무한한 삶을 살게 됩니다. 따라서 육신의 생활은 영계에 가서 살기 위한 준비기간이라고 할 수 있습니다. 지상에서의 삶이 그대로 반영되어 영인체가 영계에서 생활하게 됩니다. 지상에서 선한 생활을 하게 되면 선령(善靈)이 되어 천국생활을 하고, 악한 생활을 하면 악령(惡靈)이 되어 지옥생활을 하게 됩니다. 따라서 천국과 지옥은 하나님의 심판에 의해 가는 세계가 아니고 인간의 지상의 삶의 결과에 따라 결정되는 것이므로 결국 스스로 선택하는 세계가 되는 것입니다.

천국은 글자 그대로 '하늘나라' 혹은 '하나님의 나라'입니다. 여기서 '하늘나라'란 어떤 공간적인 세계를 말하지 않습니다. 선하고 거룩하고 평화로운 세계를 말합니다. '하나님의 나라'는 하나님 주권의 세계를 말합니다. 성경에 의하면 인간의 타락의 결과, 사탄을 '세상의 임금'(요한복음 12장 31절), '세상의 신'(고린도후서 4장 4절)이라고 하였습니다. 오늘의 세상은 사탄이 주권을 가진 세계라는 것입니다. 사탄이 지배하는 세상을 지옥이라고 말하고, 하나님이 주관하는 세계를 천국이라고 합니다.

예수님은 30세에 이르러 공생애를 시작하면서 첫 선포로 "회개하라 천국이 가까웠느니라."(마태복음 4장 17절)고 하였습니다. 그때 예수님은 하나님의 말씀을 가지고 오셨기 때문에 하나님의 주권이 땅에 임하였다고 할 수 있었습니다. 이 말씀을 받아들이는 자에게는 천국이 저의 것이라고 하였습니다. 개인이 말씀을 받아들이면 개인적인 천국, 가정이 말씀을 받아들이면 가정적 천국, 국가가 말씀을 받아들이면 국가적 천국이 이루어지는 것입니다.

가정연합은 지상에 천국을 먼저 이루어야 한다고 주장합니다. 지상에 천국이 이루어져야 하기 때문에 예수님은 베드로에게 "천국 열쇠를 네게 주리니 네가 땅에서 무엇이든지 매면 하늘에서도 매일 것이요 네가 땅에서 무엇이든지 풀면 하늘에서도 풀리리라."(마태복음 16장 19절)라고 하였습니다. 땅에서 천국을 이루면 하늘에서 천국이 이루어지고 땅에서 지옥을 이루면 하늘에서도 지옥이 이루어진다는 말씀입니다. 즉 지상에서 하나님을 믿고 선하게 살면 그 자체가 천국 백성이 되는 것이고 천국 백성으로 지상생활을 마치게 되면 영계에서도 천국 백성이 됩니다.

가정연합에서 말하는 천국은 먼저 지상의 천국을 말합니다. 천국은 하나님의 사랑을 중심으로 가정, 민족, 국가, 세계, 천주의 단위로 확대해 가게 됩니다. 천국의 기본 단위는 가정이 됩니다. 가정에서 하나님의 사랑을 중심으로 부모의 사랑, 부부의 사랑, 형제자매의 사랑, 자녀의 사랑 등 4대 사랑권이 완성되어야 천국이 실현됩니다.

천국을 이루기 위해서 반드시 구세주 메시아가 필요합니다. 구세주가 참부모로 오셔서 인간을 거듭나게 하셔야 합니다. 그래서 예수님은 "내가 곧 길이요 진리요 생명이니 나로 말미암지 않고는 아버지께 올 자가 없느니라."(요한복음 14장 6절)고 하였습니다. 또한 바리새인 니고데모에게 "물과 성령으로 거듭나야 한다."(요한복음 3장 5절)고 하였습니다.

메시아는 말씀을 가지고 오셔서 그 말씀으로 세상을 구원하시는 것입니다. 메시아는 3대축복을 실현할 수 있는 '실체 말씀'으로 오십니다. 메시아를 맞이하여 그를 모시고 따르게 되면 그를 닮아 하나님의 자녀로 거듭나게 됩니다. 메시아를 통해 죄를 청산하고 하나님의 축복을 받게 될 때 인간은 천국 백성이 되는 것입니다.

피조세계는 하나님의 이성성상을 닮은 인간을 본으로 하여 창조되었기 때문에, 모든 존재는 마음과 몸으로 된 인간의 기본형을 닮지 않은 것이 하나도 없다. 그러므로 피조세계에는 인간의 몸과 같은 유형실체세계만 있는 것이 아니고, 그의 주체로서의 인간의 마음과 같은 무형실체세계가 또 있다. 무형실체세계라고 하는 것은, 우리의 생리적인 오관으로는 그것을 감각할 수 없고 영적 오관으로만 감각할 수 있기 때문이다. 영적인 체험에 의하면, 이 무형세계는 영적인 오관에 의하여 유형세계와 꼭 같이 실감할 수 있는 실재세계인 바, 이 유형 무형의 두 실체세계를 합친 것을 우리는 천주라고 부른다.

마음과의 관계가 없이는 몸의 행동이 있을 수 없는 것같이 하나님과의 관계가 없이는 창조본연의 인간의 행동이 있을 수 없으며, 따라서 무형세계와의 관계가 없이는 유형세계가 창조본연의 가치를 드러낼 수 없는 것이다. 그러므로 마음을 알지 못하고는 그 사람의 인격을 알 수 없듯이, 하나님을 알지 못하고는 인생의 근본 의의를 알 수 없으며, 무형세계가 어떻게 되어 있는가 하는 것을 모르고는, 유형세계가 어떻게 되었는가 하는 것을 완전히 알 수 없는 것이다. 그러므로 무형세계는 주체의 세계요 유형세계는 대상의 세계로서, 후자는 전자의 그림자와 같은 것이다.(히브리서 8장 5절) 유형세계에서 생활하던 인간이 육신을 벗으면 그 영인체는 바로 무형세계에 가서 영주하게 된다.

《원리강론》, 62-63)

08

창조와 진화의 문제를
어떻게 보나요?

    1842년 다윈의 진화론이 발표된 이후 '창조냐 진화냐' 하는 문제가 종교와 과학의 갈등을 고조시켰습니다. 인류의 기원이 진화에서 비롯되었다면 창조주 하나님이 부정되기 때문에 기독교는 진화론에 대해 강하게 반발해 왔습니다. 그러나 진화론자들은 과학이라는 이름으로 창조설을 부정하였습니다. 화석이나 고고학적 연구의 결과로 보면 진화가 분명하다는 것입니다. 그러나 오늘날 창조론과 진화론의 논쟁은 진부한 것이 되어 버렸습니다. 진화론자들은 창조론자들의 주장에 대해 반론을 제기할 수 없기 때문입니다. 진화론자들이 답변할 수 없는 것은 '대진화'의 문제입니다. 즉 같은 종에서는 진화가 일어나지만 종이 다른 존재들 간의 진화는 없다는 것입니다. 이를 테면 조류가 포유류가 되고, 원숭이과의 동물이 인간으로 진화했다는 증거는 없다는 것입니다.

    진화론자들이 설명할 수 없는 다른 하나는 '이 땅에 맨 처음의 존재가 어떻게 나타났는가?'입니다. 무에서 유가 나타날 수 없기 때문입니다. 더욱이 생명이 없는 화학물질이 저절로 생물체가 되는 것은 불가능합니다. 물질이 창조되기 위해서는 원인자 혹은 동인자(動因者)가 있어야 합니다. 이 동인자가 제1원인 혹은 하나님이십니다.

성경의 창조론은 기원전 1600년경의 고대 근동지방의 창조설화를 이스라엘의 창조신화로 받아들인 것입니다. 성경에 있는 '태초에 하나님의 말씀에 의해 창조되었다.' 또는 '6일간에 창조되었다.'는 주장은 하나의 신화이고 비유입니다. 여기서 말씀은 불교에서 말하는 법(法), 동양종교에서 말하는 도(道)입니다. 가정연합은 창조원리라고 말합니다. 가정연합에서는 하나님의 창조의 법칙과 원리에 의해 창조되었다고 설명합니다. 6일간 창조되었다는 것은 6단계로 창조되었다는 것입니다. 하나님의 창조는 일시에 창조된 것이 아닙니다. 인간의 삶의 터전인 천지를 창조하시고, 빛과 공기와 물 다음으로 식물, 동물, 인간의 순으로 창조를 하셨습니다. 놀랍게도 기원전 1600년경부터 전해진 창조설화를 받아들여 쓰인 성경의 창조과정이, 오늘날 과학에서 말하는 지구의 형성과정에서 인간의 출현까지의 과정과 일치한다는 것입니다.

가정연합에서는 '창조적 진화설'을 지지합니다. 하나님이 먼저 구상과 설계를 한 다음 천지를 창조하시고, 저등한 존재에서 고등한 존재로 단계적으로 창조하셨습니다. 전 단계에서 창조한 것을 재료로 하여 보다 고등한 존재를 창조한 것입니다. 예를 들면 인간의 전 단계에서 원숭이를 만드셨고, 원숭이에서 보다 고등한 존재로서의 인간을 만든 것입니다. 진화론자들은 이 단계적 창조를 진화로 보는 것입니다.

아메바에서부터 사람까지는 몇 천 단계의 종의 구별이 있는데, 이것을 무시하고 한꺼번에 '쑤욱!' 사람이 나올 수 있습니까? 아메바에서부터 사람이 되기까지는 몇 천 단계를 넘어서 연결돼야 하는데, 자기 멋대로 연결될 수 없습니다. 천만부당입니다. 종의 구분은 절대적입니다. 개념이 먼저냐, 실재가 먼저냐 할 때 실재가 먼저라고 해서 유물론이 나왔다는 것입니다.

(천성경, 제6편, 제2장, 4절, 2)

제3부

인간의 타락과
오늘의 세계

01

인간은 선한 존재인가요, 악한 존재인가요?

인간이 근본적으로 '선한 존재인가, 악한 존재인가?' 하는 논쟁은 역사적으로 계속되어 왔습니다. 맹자는 성선설을 주장하였고 순자는 성악설을 주장하였습니다. 서양에서도 인간을 긍정적으로 보는 견해와 부정적으로 보는 견해가 있습니다. 자연주의학자 루소는 인간은 본래 순수한 존재였음을 주장하였고, 사회계약설을 주장한 홉스는 인간을 권력의지를 가진 부정적인 존재로 보았습니다.

가정연합의 입장은 성선설도 아니고 성악설도 아닙니다. 본래는 선한 존재로 창조되었으나 타락하여 악한 존재가 되었다고 봅니다. 따라서 인간에게는 선의 요소도 있고 악의 요소도 있습니다. 선과 악의 중간 위치에 있기 때문에 인간의 의지와 책임 여하에 따라 선 또는 악의 결과를 가져올 수 있습니다. 인간 안에 내재한 선의 요소가 발현될 수도 있고 악의 요소가 발현될 수도 있는 것입니다.

태초에 하나님이 인간 조상 아담과 해와를 창조하시고 "보시기에 심히 좋았더라!"(창세기 1장 31절)라고 하였습니다. 하나님이 보시기에 좋았다는 것은 기쁨을 표현하신 것이고, 기쁘시다는 것은 선하고 아름다운 존재를 지으셨다는 의미입니다. 인간은 태초에 선하게 창조되었으나 인간 조상의 타락으로 타락성을 갖게 되었습니다. 인간 조상의 타락으로 인간은 무지의 상태에 떨어졌습니다.

인간이 무지의 상태에서 벗어나 타락성을 벗고 창조본성을 회복하기 위해서는 구세주 메시아가 필요합니다. 메시아는 구세주로서 구원섭리의 중심인물이요, 인간을 하나님의 자녀로 구원하시기 위한 참부모로 오십니다. 그는 진리의 말씀을 가지고 오셔서 인간을 깨우치시고, 인간의 타락성을 벗겨 창조 본성을 회복하게 하는 구원섭리를 하십니다.

인간 안에 내재된 악의 성품이 발흥하지 않고 선의 성품이 일어나도록 하기 위해서는 우리에게 지혜가 필요합니다. 지혜란 사물의 본질과 현상을 바르게 보는 안목입니다. 그리고 이 지혜를 계발하기 위해서는 메시아를 통한 진리의 말씀을 들어야 하고 이 말씀을 체화하기 위한 수행이 필요합니다. 수행이란 내게 내재되어 있는 악한 성품이 일어나지 않고 선의 성품이 계발되도록 하는 훈련입니다.

> **참고**

인간들이 제아무리 훌륭하고 제아무리 잘났다 하더라도 그 자체는 타락의 혈통을 갖고 태어난 존재입니다. 다시 말하면 원죄를 가지고 있다는 것입니다. 그래서 싸움의 노정을 거쳐오고 있습니다. 그리고 우리가 소망의 한 날을 바라보고 나서려 할 때, 거기에는 무수한 광야의 조건들이 그 행로를 가로막고 있다는 것을 여러분은 생활에서 혹은 생애노정에서 체험했을 것입니다. 그러면 이러한 환경에서 어떻게 해야 풀려날 수 있을 것인가 하는 것이, 지금까지 역사 과정을 거쳐 오면서 양심적이고 선한 사람들이 갈망하여 나온 푯대요 표준이었음을 여러분은 잘 알고 있을 것입니다. 그런데 우리가 '오늘의 나'보다도 '내일의 나'를 위하여 더욱 선할 수 있으려면 절대적으로 실존하시는 신을 우리의 생활권 내로 끌어들여야 되는 것입니다.

(문선명 선생 말씀선집, 제3권, 9)

아무리 악한 자라도 세 번 이상 그 마음을 통해서 갈 길을 인도해 주십니다. 인간의 본성은 하늘을 지향하고 있기 때문에 아무리 악한 사람이라 하더라도 하나님의 감화로 생명의 길을 찾아갈 수 있는 기회가 주어지게 됩니다. 일생 동안 최소한 세 번 이상 하늘이 찾아오게 되는데, 이 기회를 놓치면 하늘과 인연을 맺을 길이 끊어져 버리게 됩니다.

(문선명 선생 말씀선집, 제9권, 11)

02
인간이 따먹고 타락했다는 선악과는 무엇인가요?

병을 고치려면 병의 원인을 정확하게 진단해야 하듯이, 인간이 먹고 타락했다는 선악과가 무엇인가 하는 것을 밝혀야 인간이 구원을 받을 수 있습니다. 선악과는 인간 조상의 타락의 원인을 밝히는 열쇠가 됩니다. 예수님께서 "이것을 비사로 너희에게 일렀거니와 때가 이르면 다시 비사로 이르지 않고 아버지에 대한 것을 밝히 이르리라."(요한복음 16장 25절)라고 하신 말씀처럼, 선악과는 문자 그대로 과일이 아니고 비유와 상징으로 표현한 것입니다.

인간 조상 아담과 해와는 "따먹지 말라."는 계명을 어기고 선악과를 따먹었습니다. 아담 해와가 하나님의 말씀을 어기고 따먹었다는 사실로 보아 선악과는 과일이 아니고 생명을 걸고 저지를 수 있는 가치의 대상인 것으로 여겨집니다. 인간이 생명을 걸고 저지를 수 있는 가치는 사랑밖에 없을 것입니다. 따라서 선악과는 사랑에 관련된 것이라고 볼 수 있습니다.

　성경에는 에덴동산 가운데에 생명나무와 선악을 알게 하는 나무가 있었다고 기록되어 있습니다. 그런데 생명나무는 바로 완성해야 할 아담을 상징한 것으로 나타나 있습니다.(창세기 3장 24절) 동산 중앙에 같이 있었던 나무 중 한 나무가 생명나무로 비유되었다면 다른 한 나무 선악과는 완성해야 할 해와를 상징했다고 볼 수 있습니다.

　"번성하라."는 하나님의 축복의 말씀처럼, 미완성기에 있었던 여성 해와는 남성 배필을 만나 자녀를 낳고 가정을 이루게 되어 있었습니다. 해와는 하나님의 계명을 지켜 선의 모태도 될 수 있고 악의 모태도 될 수 있는 위치에 있었습니다. 선의 혈통을 이을 자녀를 낳을 수도 있고 악의 혈통의 자녀를 낳을 수 있는 중간 위치에 있었기 때문에 미완성기의 해와를 선악나무로 비유했고 '해와의 사랑'을 선악과라고 비유한 것입니다.

　그러나 해와는 뱀으로 비유된 천사장 루시퍼의 꼬임으로 루시퍼와 사랑의 불륜 행위를 저지른 것입니다. 성경에서 하나님은 "범죄한 천사를 용서하지 않고 지옥에 던져두셨다."(베드로후서 2장 4절)고 했고 루시퍼를 "하늘에서 떨어진 자, 열국을 엎은 자"(이사야서 12장 14절)라고 하였습니다. 천사장 루시퍼와 인간 조상 해와가 사랑의 불륜 행위를 저지르게 된 사건이 바로 '선악과를 따먹은 사건'으로 비유된 것입니다. 그래서 예수님은 타락한 인간 조상의 후예인 인간들을 "너희는 너희 아비 마귀에서 났으니 너희 아비의 욕심을 너희도 행하고자 하느니라."(요한복음 8장 44절)고 탄식한 것입니다.

선악과가 무엇이냐? 선악과가 그냥 선악과입니까? 성경에는 알쏭달쏭하게 되어 있습니다. 선악과를 따먹고 무화과나무의 잎으로 왜 하체를 가렸느냐는 것입니다. 왜 하필 하체를 가렸느냐는 것입니다. 부끄러우니까 가렸다는 것입니다.

그러면 왜 부끄러우냐는 것입니다. 오늘날 우리가 타락한 사회의 관습적인 관념을 가지고서 '부끄럽다고 생각하니까 부끄럽지.' 한다면 그것은 말이 안 됩니다. 부끄럽다면 왜 하체만 부끄럽느냐는 것입니다. 부끄럽다면 눈은 부끄럽지 않고, 코는 부끄럽지 않고, 귀는 부끄럽지 않고, 머리는 부끄럽지 않고, 손발은 부끄럽지 않느냐는 것입니다.

또 성경에 보면 다시 태어나야 된다는 말씀이 있습니다. 다시 태어나야 된다는 말은 잘못 태어났다는 것을 뜻합니다. 사람이 세상에 태어날 때는 무엇을 통해서 태어나느냐? 선악과를 통해서 태어나느냐? 아닙니다. 사랑을 통해서 태어나는 것입니다. 부모의 사랑을 통해서 사람이 태어나는 것입니다. 그러나 우리 인류의 조상은 사랑을 통해서 태어나기는 태어났는데, 하나님이 사랑할 수 있고 만 우주에 자랑하고 선포할 수 있는 기쁨의 사랑을 통해서 태어나지 않았다는 것입니다. 하나님이 지극히 슬퍼하고, 사탄이 지극히 좋아하는 사랑을 통해서 태어났다는 것입니다.

　인간은 아버지 어머니의 사랑을 통해서 태어납니다. 그런데 그 사랑이 잘못되었기 때문에 태어나는 것도 잘못 태어난다는 것입니다. 그것은 어쩔 수 없습니다. 이렇게 잘못된 사랑을 통해 태어남으로 말미암아 돌감람나무가 되었기 때문에 그 가지를 완전히 잘라 버리고 참감람나무의 참된 사랑의 가지에 접을 붙여야 하는 것입니다.

(문선명 선생 말씀선집, 제22권, 243)

03

인간 조상을 타락시킨 뱀의 정체는 무엇인가요?

태초에 에덴동산에서 인간 조상 아담과 해와를 타락시킨 뱀은 문자 그대로 땅에 기어 다니는 뱀이 아닙니다. 성경 창세기에서 말하는 뱀은 땅에 기어 다니는 뱀과 분명히 달랐습니다. 그 뱀은 하나님의 뜻을 알았고, 인간을 꼬일 수 있는 지능을 가졌고, 인간과 대화를 하였습니다.(창세기 3장 1-5절) 이러한 사실로 볼 때 인간 조상을 타락시킨 뱀은 영적 존재라는 것을 알 수 있습니다.

태초에 위와 같은 조건에 맞는 영적 존재는 천사밖에 없었습니다. 천사는 하나님께 송영을 드리고(요한계시록 5장 11절), 인간의 창조와 완성을 돕는 영적 존재(히브리서 1장 14절)로 창조되었습니다. 성경에 의하면 천사 가운데 천사장 루시퍼가 인간을 타락시킨 존재라는 것을 알 수 있습니다. 베드로후서 2장 4절에 천사가 죄를 범하였다고 하였습니다.

요한계시록 12장 9절에 "하늘에서 큰 용이 내어 쫓기니 이는 옛 뱀이요 마귀요 사탄이라."고 하였습니다. 여기서 말하는 옛 뱀이 바로 인간을 유혹한 천사장 루시퍼를 말하는 것입니다. 뱀은 혀가 둘입니다. 뱀은 한 입으로 두 말을 하는 타락한 존재를 상징하고, 사악한 지혜를 가진 존재로 비유되었던 것입니다.

참고

사탄의 정체와 인간의 타락, 사탄이 어떻게 해서 사탄이 되었느냐 하는 것을 성경을 통해서 알아봅시다. 요한계시록 12장 9절을 보면 '하늘에서 큰 용이 내어 쫓기니 옛 뱀, 곧 마귀라고도 하고 사탄이라고도 하며 온 세상을 유혹하는 자라.'는 말씀이 있습니다. 그 내어 쫓긴 큰 용이 무엇이냐 하면 옛 뱀이라고 했습니다. 그 옛 뱀이 무엇이냐 하면, 인류를 타락시킨 근본이 되는 뱀을 지적한 것입니다. 그 뱀의 정체는 용인데, 이 용을 사탄이라고도 하고 마귀라고도 한다는 것입니다.

사탄인 옛 뱀은 하늘에서 내어 쫓겼다고 했습니다. 옛 뱀의 본래 거처가 땅이 아니고 하늘이라는 것입니다. 영적인 세계에서 내어 쫓기었으니 그는 영적인 존재임에 틀림없습니다.

에덴동산에서 뱀이 해와를 꼬였다고 했지만 그것은 비사(比辭)인 것입니다. 사탄은 하나님과 아담이 얘기하는 내용과 약속하는 것을 미리 다 알았습니다. 그러니 사탄은 하나님과 아담 해와와 제일 가까운 자리에 있었던 존재임에 틀림없습니다.

그러면 그 가까운 존재가 누구일 것이냐? 그때에는 하나님이 있었고, 아담 해와가 있었고, 천사장이 있었습니다. 그러니 하나님과 아담 해와에게 제일 가까운 존재는 천사장밖에 없었습니다. 이 가까운 존재가 수상하다는 것입니다. 유다서 1장 6

제3부 인간의 타락과 오늘의 세계

절과 7절을 보면, '간음을 행한 천사들을 흑암에 가두어 심판날까지 기다리게 한다.'고 하였습니다. 즉 천사가 간음으로 타락했다는 내용인 것입니다. 이렇게 보게 되면, 간음은 상대가 있어야 가능한데 천사가 간음할 때, 그 상대가 누구였느냐가 문제인 것입니다. 그런데 해와도 타락을 했습니다. 해와도 범죄했다는 것입니다.

(문선명 선생 말씀선집, 제53권, 83-84)

04

'따먹지 말라'는 계명을 주신 목적은 어디에 있나요?

　태초에 하나님께서는 인간 조상 아담과 해와를 처음부터 완성한 존재로 창조하시지 않았습니다. 현재 우리 인간과 마찬가지로 미성숙한 아기로 태어나 성인이 되도록 창조하셨습니다. 인간이 성장 발달하여 완성한 존재가 된다는 것은 하나님의 창조목적을 완성한 존재가 된다는 것입니다. 즉 개성완성, 가정완성, 주관성완성의 인간이 되는 것입니다. 창조목적의 완성은 사랑의 완성입니다. 하나님을 중심한 부모의 사랑, 부부의 사랑, 형제자매의 사랑, 자녀의 사랑의 4대 사랑을 완성하는 것이 인간 완성의 기준입니다.

　인간의 완성은 가정에서 이루어집니다. 개성완성을 한 남성과 여성이 만나 축복결혼을 함으로써 가정이 시작됩니다. 축복결혼을 통한 참된 가정을 이루기 위해서는 남성과 여성이 각각 순결을 지켜야 합니다. 절대 성(絕對 性), 즉 순결은 참된 가정의 절대 조건입니다. 하나님이 완성을 향해 성장 발달하고 있는 미완성기의 아담 해와에게 '선악과를 따먹지 말라.'고 한 것은 절대 성 순결을 지키라는 것입니다.

이러한 계명을 주신 이유가 있습니다. 하나님의 창조의 법도인 창조원리의 완전무결성과 절대성을 지키기 위해서 그리고 인간으로 하여금 하나님의 창조성을 닮아 만물세계를 주관할 수 있는 주관자로서의 자격을 갖추도록 하기 위해서, 인간에게 책임분담을 주신 것입니다. 하나님께서 인간을 사랑하셨기 때문에 '따먹지 말라.'는 계명을 지켜 완성하기를 바라셨던 것입니다.

참고

아담 해와가 선악과를 따먹으려고 할 때에 하나님이 '내가 염려했던 대로 되는구나. 조금만 더 해라.'고 했겠습니까? 아닙니다. 심장이 오그라들고 모든 감각이 한 곳으로 빨려 들어가는 입장이었습니다. '그것을 따먹어서는 안 되느니라.'고 피 흘리며 떨고 형용할 수 없는 애절한 안타까움 때문에 아무것도 생각할 수 없는 입장에 서지 않을 수 없었던 하나님이었던 것입니다. 그런 하나님이 아담 해와가 선악과를 따먹고 있을 때 구경만 했겠느냐는 말입니다. 칼이 있으면 역사를 베고, 이 천하를 베어 잘라 버리고 싶은 마음이었지만 그렇지 못한 입장을 자탄할 수밖에 없었던 하나님이었습니다. 그러니 하나님이 얼마나 처량하고 비참하고 안타까웠겠습니까? 역사상의 그 누구보다도 처량하고, 그 누구보다도 안타깝고, 그 누구보다도 비참했습니다. 아담 해와가 선악과를 따먹는 순간 심장이 폭발하는 듯한 안타까운 심정을 가지신 분이었습니다. 그러나 하나님은 그들을 사랑하지 않을 수 없었습니다.

(천성경, 제4편, 제2장, 3절, 24)

05

인간의 원죄는
무엇인가요?

　인간의 죄는 원죄, 조상죄, 연대죄, 자범죄가 있습니다. 이 중에서 원죄는 인간 조상 아담과 해와의 타락에 의해 형성된 죄로 후손들에게 계속 이어지는 죄입니다. 인간 조상 아담과 해와가 하나님의 계명을 지키지 않고 타락함으로써 타락성이 형성되고 이 본성이 인간에게 재생·연결되어 내려오는 것입니다.

　인간 조상 아담과 해와의 타락으로 형성된 타락성은 시기, 질투, 혈기, 교만 등입니다. 이러한 타락성이 원죄가 되어 아담과 해와의 후손으로 이어지면서 인간은 탐욕, 분노, 어리석음 등에 빠지게 된 것입니다. 타락으로 인해 인간은 무지에 떨어지게 되었고 무지에 의해 고통에 빠지게 된 것입니다.

　원죄는 나무의 뿌리와 같습니다. 자범죄, 연대죄, 조상죄 등을 해결 한다고 하더라도 원죄가 남아있는 한 인간은 항상 죄에 떨어질 잠

재성을 갖게 되는 것입니다. 나무에서 뿌리를 제거하지 않는 한 잎과 줄기와 가지를 제거할 수 없는 것처럼, 원죄를 청산하지 않으면 여타의 죄도 근본적으로 청산할 수 없는 것입니다.

원죄는 인간 스스로 청산할 수가 없습니다. 진리의 실체로 오시는 메시아가 강림하여 메시아를 통해 거듭나야 합니다. 메시아를 맞아 메시아를 본받고 하나님의 심정과 일체되어야 원죄를 청산하고 하나님의 자녀가 되는 것입니다. 그래서 예수님은 "내가 곧 길이요 진리요 생명이니 나로 말미암지 않고는 아버지께 올 자가 없느니라."(요한복음 14장 6절)고 하신 것입니다. 원죄를 청산하고 완전한 구원을 받기 위해서는 메시아의 구원섭리와 인간 자신의 책임분담이 필요합니다. 구원을 위해서는 인간의 책임으로 메시아에 대한 믿음과 구원 받고자 하는 노력, 그리고 진리를 알 수 있는 지혜가 필요합니다.

본래 인간은 하나님의 혈통을 통해 태어나야 합니다. 그리고 태어나면서 하나님의 품에서 하나님의 사랑을 받고 자라야 합니다. 그래서 하나님의 대신자가 되어야 합니다. 그런데 이 땅의 기독교인들은 주님이 오시게 되면 원죄를 벗는다고 말하는데 원죄를 벗는다는 것이 무엇입니까? 그것은 사탄의 침범을 받지 않는 심정적 혈통의 회복을 의미합니다. 맨 나중에까지 남을 것이 그것입니다. 그러면 나는 하나님의 아들이라고 설명할 필요가 없습니다. 아무리 사탄이 와서 부정해 보았댔자 부정되지 않습니다. 몇 천 번 몸부림치며 강의를 해도 듣고 난 다음에는 '아니다.' 했을 때 절대 부정할 수 없는 입장에 서 있는 사람이 하나님 편의 사람입니다. 심정을 건드려도 하나님 편이요, 몸을 보더라도 하나님 편이요, 그 사람의 다른 어떤 것을 보더라도 하나님 편이요, 그 사람의 손수건 하나만 갖다 놓아도 사탄이 도망가는 것입니다. 그런 사람이 끝날에 남아지는 것입니다.

(문선명 선생 말씀선집, 제13권, 198)

메시아를 맞이해야 원죄를 청산할 수 있습니다. 그러면 원죄 청산은 어떻게 해야 하느냐? 선생님이 어떤 조건을 중심삼고 축복해 줘야 합니다. 여러분이 축복식 때에 성주(聖酒)를 마시는 것이 원죄를 청산하는 의식입니다. 이러한 절대적인 내용을 중심삼고 하늘과 땅에서 사탄세계를 분립시켜 가려 나오는 것입니다. 원리가 그렇게 되어 있습니다.

(문선명 선생 말씀선집, 제33권, 241-242)

06

하나님이 인간의 타락을 간섭하지 못하신 이유는 어디에 있나요?

　전지전능하신 하나님이 인간 조상의 타락행위를 보시면서도 간섭하지 못한 이유는 지금까지 기독교에서 풀지 못한 문제였습니다. 기독교에서는 하나님이 인간 조상 아담과 해와의 믿음을 시험하기 위해서 선악과를 따먹지 말라고 하셨다고 말합니다. 그러나 사랑의 하나님께서 따먹고 죽을 수도 있는 과일을 놓고 자녀 된 아담과 해와에게 '먹는가 안 먹는가'를 시험할 수는 없습니다. 부모 되신 하나님이 미완성기의 아담과 해와에게 그런 무자비한 시험을 하셨다면 어찌 사랑의 하나님이라고 할 수 있겠습니까?

　하나님이 인간 조상 아담과 해와에게 '따먹지 말라(타락하지 말라).'는 계명을 주신 후 아담과 해와가 타락할 때 그 타락을 간섭하지 못하신 이유는 다음과 같습니다. 첫째, 창조원리의 절대성과 완전무결성을 위해서입니다. 미완성기의 아담 해와가 성장하여 완성하기 위해서는 스스로의 책임에 의한 선택과 결정에 의해 성장해야 하는 것이 창조원리입니다. 따라서 인간 조상 아담과 해와의 타락 행위를 간섭하시게 되면 하나님 스스로 창조원리를 무시하는 결과를 낳게 됩니다.

둘째, 하나님만이 창조주로 계시기 위해서입니다. 하나님의 말씀과 간섭은 곧 창조가 됩니다. 하나님은 스스로 창조하신 선한 존재와 그 행동만을 간섭하시게 되어 있습니다. 만약 인간의 범죄행위나 지옥과 같은 것을 간섭하게 되면 그것들에게도 하나님의 창조의 가치가 부여되게 됩니다. 따라서 하나님은 완성된 인간의 선한 행동만을 간섭하는 창조주로 계시기 위해, 인간 조상 아담과 해와의 타락행위를 간섭하지 못하신 것입니다.

셋째, 인간을 만물의 주관자로 세우시기 위해서입니다. 하나님은 인간을 창조하시고 '만물을 주관하라.'고 하셨습니다. 인간이 만물을 주관하려면 만물과 동등한 입장에서는 주관할 수 없습니다. 만물을 주관하기 위해서는 하나님으로부터 부여받은 창조성을 상속받아야 합니다. 인간은 성장기간에 스스로의 책임을 통해 완성하여 만물을 주관할 수 있는 주관자의 자격을 갖추어야 하는 것입니다.

이런 이유로 하나님은 인간의 타락행위를 다 아시고 보시면서도 간섭할 수가 없었습니다. 인간 조상의 타락행위로 하나님은 안타까움과 슬픔의 한이 맺히셨습니다. 하나님은 미완성기의 아담과 해와가 사탄의 유혹에 의해 타락할 가능성이 있기 때문에 그들에게 '따 먹지 말라.'는 계명을 주셨습니다. 그러나 이 계명을 어기고 인간은 타락하고 말았습니다.

07

인간의 타락과 현실세계와는 어떤 관련이 있나요?

　하나님은 인간을 지으시고 '생육하고 번식하여 만물세계를 주관하라.'는 3대축복을 내려 주셨습니다. 이것은 하나님께서 인간을 창조하신 목적이기도 한 개성완성, 가정완성, 주관성완성을 의미하고 있습니다. 3대축복은 인간에 대한 하나님의 최대 축복이기도 하지만, 하나님께 하나님의 창조목적을 달성시켜 드려야 하는 인간의 최고 책임이기도 합니다. 따라서 인간은 책임을 다하여 이 3대축복을 완성해야만 합니다.

　하늘의 심정을 모르게 되고 하늘의 사정을 모르게 되고 하늘의 소원(소망)을 잃어버린 것이 타락이었습니다. 타락한 인간은 하나님께서 바라셨던 소망의 그날을 보지 못하게 되고, 하나님의 깊은 사정에 대해서도 무지해졌고, 하나님의 심정세계도 잃어버리고 말았습니다. 하나님의 세계는 인간에게 무연고(無緣故)의 머나먼 곳이 되고 말았습니다다. 하나님은 하늘의 심정과 사정과 소원과는 아무런 관련도 없이 격리되어 버린 오늘의 현실세계를 바라다볼 때 통곡하고 싶으신 마음일 것입니다.

하나님은 사탄의 품, 즉 사망권에 떨어진 아담과 해와의 후손들을 다시 구원하시려고 합니다. 하나님께서는 타락하여 죽음의 자리에 떨어져 있는 아담과 해와를 다시 살려 주고 싶은 심정을 지니시고 6천년이란 기나긴 세월을 노심초사하시면서 하루도 빠짐없이 우리 인간세계를 찾아오셨습니다. 인간사회는 사탄 주권의 세계에서 하나님이 원하셨던 창조이상의 세계로 회귀해야 합니다. 지금 하나님께서 펼치시고 있는 복귀섭리는 창조이상이 완성된 세계로의 '귀일(歸一)'입니다.

인간의 타락성이란, 시기심과 질투, 이기심, 탐욕, 정욕 등 현실세계에서 끝없이 하강하여 가는 인간의 성품이라 볼 수 있겠습니다. 타락한 인류를 구원하기 위한 하나님의 '전략'은 악의 세력이 창궐해 있는 세상에서, 악덕과 악행이 자행되고 있는 타락한 현실세계에서, 무리와 집착을 버리고 거룩하고 영원한 세계에 소망을 두고 살아가는 길과 방법을 가르쳐 주는 것이었습니다. 하나님은 타락한 인간에게 마음 속의 평화와 거룩하고 선한 인간성의 상승을 가르치려고 했습니다. 즉 하나님은 타락한 인간을 현실세계의 악마적 환경에서 하나님의 본연의 세계로 복귀시키려고 무진 애를 써오신 것입니다.

두말할 필요도 없이 현실세계는 하나님의 창조이상으로서의 본연의 세계가 아니고 욕망과 집착과 투쟁과 질병과 고통과 죄악과 사망 등으로 가득한 지옥세계가 되어 버렸습니다. 그만큼 인간의 현실세계가 병들었고, 병든 인간의 현실세계는 자연계와 천상세계에까지 재앙과 화(禍)를 끼치고 있습니다. 하나님은 이처럼 병들고 고장 난 인간세계, 즉 타락한 현실세계를 원상으로 돌리려는 구원섭리를 해 오셨습니다. 그 구원섭리를 가리켜 복귀섭리요, 재창조섭리라고 부르고 있습니다.

천상의 영적 세계는 이 현실세계의 주체가 되는 근원이며 본질의 세계라고 할 수 있겠습니다. 문선명·한학자 총재는 타락으로 단절된 지상의 현실세계와 천상세계를 연결시키는 데에도 많은 정성과 노력을 기울여 왔습니다.

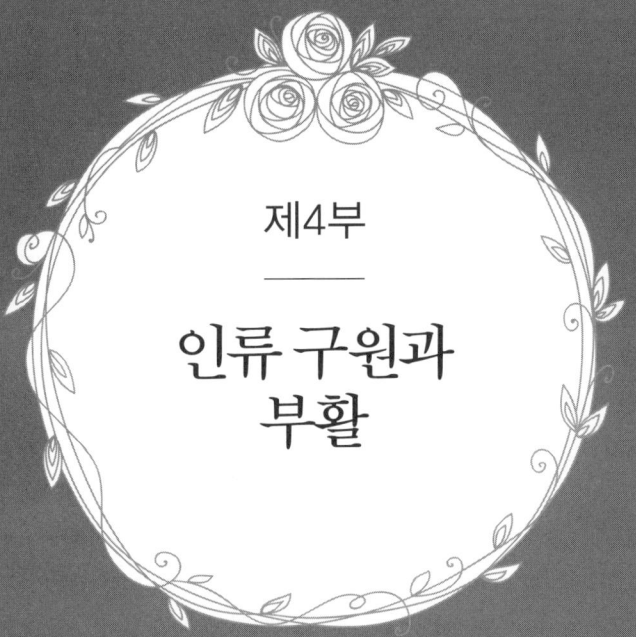

제4부

인류 구원과
부활

01

역사를 어떻게 보나요?

인류의 정신세계를 이끌었던 사상 대부분은 역사관을 포함하고 있습니다. 개인, 가정, 국가, 세계 등 인류의 미래는 역사관에 따라 규정되는 경우를 볼 수 있었습니다. 지금까지 그리스 운명사관, 기독교의 섭리사관, 토인비의 문화사관, 공산주의의 유물사관 등이 인간의 정신세계를 이끌었습니다. 마찬가지로 가정연합의 교리와 사상에도 역사관이 있습니다. 가정연합의 역사관을 복귀섭리역사관이라고 합니다.

복귀섭리역사관은 글자에 내포된 의미대로 하나님의 창조목적의 세계를 회복하는 하나님의 구원섭리 역사를 말합니다. 본래 하나님은 인류를 창조하시고 인간에게 3대축복을 이룰 것을 명하셨습니다. 즉 개성완성, 가정완성, 주관성완성을 통한 창조본연의 이상세계를 이루라고 하였습니다. 그러나 인간의 타락으로 하나님께서 이루시고자 하였던 창조본연의 그 세계는 이루어지지 않았습니다.

하나님의 뜻은 절대적이기 때문에 처음 소망하고 계획하셨던 그 세계를 결코 포기하실 수 없습니다. 만약 하나님이 계획하시고 말씀하신 그 세계가 이루어지지 않는다면 하나님도 창조에 실패한 하나님이 되고 맙니다. 따라서 하나님은 인간이 책임하지 못하여 이루어지지 않은 창조목적의 세계를 회복하기 위해 중심인물들을 보내어 복귀섭리를 하시게 됩니다.

인류역사는 동시성을 띠고 반복된다고 합니다. 이처럼 역사가 동시성을 그리며 반복되는 이유는 복귀섭리를 이끌어야 할 역사의 중심인물들이 책임을 다하지 못하였기 때문입니다. 역사의 중심인물들은 구원섭리의 기대, 즉 메시아를 맞이하기 위한 기대를 세워야 했습니다. 구세주 메시아를 맞이하여 구원섭리를 완성·완결해야 했는데 중심인물들이 메시아를 위한 기대를 세우는데 실패하였습니다. 따라서 역사는 메시아를 맞이하기 위한 기대를 다시 찾아 세우는 반복되는 복귀섭리역사가 되어 온 것입니다.

> **참고**

절대적인 하나님은 역사관을 갖고 있어야 됩니다. 그 역사관은 섭리를 통해서 나타납니다. 섭리 가운데는 섭리의 뜻을 따르는 사람이 있고 따르지 않는 사람이 있습니다. 다시 말하면 신앙생활을 하는 사람과 하지 않는 사람, 이 두 종류가 있습니다. 동서남북의 문화권을 수습해서 하나의 세계로 지향하는 절대적인 신의 이상, 곧 신의 뜻은 절대적으로 하나입니다. 신의 뜻, 신이 지향하는 그 목적은 인류를 파탄의 와중에 몰아넣기 위한 것이 아니라 인류를 해방과 평화의 경지로 인도하기 위한 것입니다. 그렇기 때문에 평화의 종착점을 향해서, 통일된 세계를 향해서 역사는 움직여 나가지 않으면 안 됩니다.

(천성경, 제1편, 제4장, 1절, 29)

02

말세는 무엇이고
그때는 언제인가요?

성경 베드로후서 3장 12-13절에서 "하나님의 날이 임하기를 바라보고 간절히 사모하라. 그 날에 하늘이 불에 타서 풀어지고 체질(물질)이 뜨거운 불에 녹아지려니와 우리는 그의 약속대로 의의 거하는 바 새 하늘과 새 땅을 바라보도다."라고 하였습니다. 이 성구에 따라 기독교인들은 하나님의 날이 임하는 날, 또는 새 하늘 새 땅이 이루어지는 날을 말세로 보고 있습니다.

가정연합에서 말하는 말세는 글자의 의미대로 세상이 끝나는 날이 아닙니다. 역사의 완성, 혹은 새로운 역사의 출발을 의미합니다. 영어로는 'Consummation of Human History'(인류역사의 완성)이라고 표현할 수 있습니다. 가정연합에서 말하는 말세는 사탄 주권의 세상이 끝나고 하나님의 주권이 이루어지는 날입니다.

하나님은 선의 하나님이요, 절대적인 하나님이십니다. 따라서 하나님은 당신이 창조하신 세상을 멸하실 수 없는 것입니다. 성경은 "내가 말하였은즉 정녕 이룰 것이요, 경영하였은즉 정녕 행하리라."(이사야 46장 11절)고 하였습니다. 따라서 하나님께서 인간의 타락으로 죄악의 세상이 되었다고 하여 세상을 멸할 수 없는 것입니다.

물론 성경에는 '하늘이 불에 타서 풀어지고 체질(물질)이 뜨거운 불에 녹아진다.' '불로써 세상을 태운다.' 등 말세를 세상이 멸망하는 것으로 이해할 수 있는 성구도 있습니다. 그러나 이러한 성구는 비유와 상징으로 이해해야 합니다. 불로써 심판한다는 것은 예수님의 말씀처럼 새로운 말씀, 즉 진리로 악의 세계를 물리치고 선의 세계를 세운다는 의미입니다.(요한복음 12장 48절)

앞에서 언급한 것처럼 말세는 세상이 끝나는 것이 아닙니다. 구세주 메시아가 말씀, 곧 새 진리를 가지고 이 땅에 재림하여 새 진리로 세상을 다스리신다는 의미입니다. 따라서 가정연합에서 말하는 말세는 세상이 멸망하는 두려움과 공포의 한 때가 아니라, 사탄 주권의 죄악세계가 멸망하고 하나님 주권의 이상세계가 열리는 소망과 평화의 한 때가 됩니다.

가정연합에서 말하는 말세는 '사탄 주권의 죄악의 세계가 하나님 주권의 창조이상세계에로 교체되는 시대'를 말합니다.(《원리강론》, 123) 말세 때는 세상을 구원하실 메시아가 오셔야 합니다. 메시아는 진리 말씀을 가지고 오셔서 그 말씀으로 세상을 구원하시게 됩니다.

요한계시록 12장 5절에 "여자가 아들을 낳으리니 장차 철장으로 만국을 다스릴 남자라."고 하였습니다. 철장은 말씀을 비유한 것으로 말세 때 메시아가 새 말씀을 가지고 오심을 말합니다. 새 말씀이 나와서 온 세계에 전파될 것임을 뜻합니다.

성경 여러 곳에서 말세에 일어날 현상에 대하여 말하고 있습니다. 천변지이(天變地異)가 일어나고 혼란과 무질서의 세계가 된다고 하였습니다. 디모데후서 3장에 보면 말세는 "고통당하는 때가 이르리니 사람들은 자기를 사랑하며, 돈을 사랑하며, 교만하고 훼방하며, 부모를 거역하며, 감사치 아니하며, 거룩하지 아니하며, 원한을 가지며, 절제하지 못하며, 사나우며, 조급하며, 쾌락을 사랑하기를 하나님 사랑하는 것보다 더하며, 경건의 모양은 있으나 경건의 능력을 부인하며, 남의 집에 들어가 여자를 유인하는 사람들이 있는 때"라고 하였습니다. 악이 기승을 부리는 때가 말세라는 것입니다. 우리는 이 시대에 위와 같은 현상들을 목격하고 있습니다. 따라서 우리가 살고 있는 지금이 말세입니다.

한편 말세는 창조목적의 세계가 회복되는 때입니다. 창조목적, 즉 3대축복이 실현되는 때가 말세이기 때문에 말세에는 3대축복이 복귀되는 징조들이 일어납니다. 제1축복으로서의 개성완성이 복귀되는 현상으로 개인의 개성과 인격이 존중되는 때가 되었습니다. 제2축복이 복귀되는 현상으로 가정완성이 이룩되고, 세계인이 한 가족이 되는 현상들이 일어납니다. 국제연합(UN), 유럽연합(EU), 환태평양국가연합 등 하나의 세계, 하나의 정부를 지향하고 있는 것입니다. 제3축복의 복귀현상으로 만물주관을 복귀하는 현상이 일어납니다. 만물주관이란 만물의 창조본연의 가치를 발현시킬 수 있는 과학적, 예술적인 활동

등을 말합니다. 현대인은 과학문명의 발달로 편리하고 행복한 생활을 영위할 수 있게 됐고, 또한 고차원의 예술활동도 펼칠 수 있게 되었습니다. 이와 같은 현상을 통해 볼 때, 우리가 살고 있는 현재가 하나님의 창조목적이 복귀되는 말세라고 할 수 있겠습니다.

기독교의 이념을 통해서 보게 될 때 심판의 한 날, 즉 말세가 우리의 목전에 당도하고 있습니다. 그러면 그 말세란 무엇이냐? 세계적인 종말기에 있어서 그 모든 사명을 짊어지고 하늘을 향해 부르짖고 나선 하나의 사람이 개인에서부터 세계 인류, 나아가 하늘과 땅까지 합하는 그날이 바로 심판날임을 여러분은 알아야 되겠습니다.

그러면 하나님의 지음을 받은 우리가 어떻게 하여야 하나님의 마음속에 남아질 수 있을 것인가! 내 마음과 몸이 하나되어 가지고 하나님 앞에 자신을 주장할 수 있어서 아담에게 해 주신 축복을 완성한 사람, 즉 제2아담격으로 하나님 앞에 화할 수 있는 사람으로 나타나야 가능하다는 것입니다. 만일 그러한 여러분이 되지 못한다 할진대는 여러분은 하나님과 심정적인 관계를 맺을 수 없습니다. 하나님께서는 이 끝날에 세계를 대신해 가지고 하나님의 법도를 지니고 타락의 침범을 받지 않았으며, 죄악역사와 인연이 없는 참된 한 사람을 찾고 계십니다.

(문선명 선생 말씀선집, 제4권, 193-194)

참고2

말세는 인간이 심었던 것을 거둘 때입니다. 무엇을 심었느냐? 그 자체가 심어진 모양대로 거두어지는 때이기 때문에 죄를 심어 놓았으면 인류의 종말에는 죄의 감태기를 쓰고 신음하지 않을 수 없다는 것입니다. 죄를 지음으로 말미암아 어떻게 됐느냐? 죄의 출발로 말미암아 죄는 만사를 파괴시키는 요인이 됐고, 그 죄는 만사 가운데 우리 행복의 요건을 파괴시키는 요인입니다. 다시 말하면 이와 같이 우리가 최고로 하나되고 싶어하는 마음의 바탕을 전부 파탄시키는 일을 하는 것입니다.

(문선명 선생 말씀선집, 제157권, 126)

03

예수님은 구세주로서의
사명을 완수했나요?

　　하나님께서 천국을 실현하고자 하는 뜻을 가지고 아담과 해와를 창조하셨지만 그들의 타락행위로 세상은 사탄 주관의 지옥의 세계가 되었습니다. 그러나 하나님의 창조목적은 절대적이기 때문에 기필코 이 땅에 천국을 이루어야 했습니다.

　　천국을 이루기 위해서는 메시아를 위한 기대 위에서 구세주 메시아가 오셔야 합니다. 메시아의 기대는 하나님이 세우신 노아, 아브라함, 모세, 세례요한 등 섭리역사의 중심인물들이 세워야 했습니다. 그러나 이들 역사의 중심인물들이 책임을 다하지 못하여 메시아를 위한 기대는 실패하고 말았습니다.

　　예수님은 메시아로 오셨지만 이스라엘 백성들이 불신하여 십자가에 돌아가시게 되었습니다. 메시아는 진리를 가지고 지상에 강림하셔서 개인, 가정, 종족, 민족, 국가, 세계, 천주적 차원의 천국을 실현해야 했습니다. 그러기 위해서는 원죄 없는 하나님의 자녀로 세상에 오셔서 먼저 가정을 이루어 인류의 참부모가 되셔야 했습니다. 메시아가 참부모로 오시는 것은 인류를 참자녀로 거듭나게 하시기 위함입니다.

예수님은 창조목적을 완성한 인류의 참부모로서 타락한 인간의 원죄를 청산하고 하나님의 자녀로 거듭나게 하는 사명을 가지고 계셨습니다. 그래서 예수님은 "내가 곧 길이요 진리요 생명이니 나로 말미암지 않고는 아버지께 올 자가 없느니라."고 하신 것입니다. 예수님의 사명은 하나님의 창조이상인 지상에 천국을 이루는 일이었습니다.

예수님께서 세상에 강림하여 첫 번째 하신 말씀이 "회개하라. 천국이 가까이 왔다."였습니다. 예수님의 강림 목적은 지상에 천국을 실현하는 것입니다. 곧 하나님의 창조목적을 실현하는 것입니다.

창조목적은 태초에 하나님이 계획하셨던 하나님의 주권이 땅에 세워지고 죄와 고통이 없는 행복하고 평화로운 세계를 이루는 것입니다.

병든 사람을 구원한다는 것은 병들기 전 건강한 사람으로 회복시키는 것입니다. 물에 빠진 사람을 구원한다는 것은 그 사람을 지상으로 건져 올려놓는 것입니다. 타락한 인간을 구원한다는 것은 타락하기 이전 창조본연의 인간으로 회복시키는 것입니다. 인간 조상 아담과 해와가 타락하기 이전의 상태로 회복하는 것입니다.

창조본연의 인간은 원죄가 없고, 하나님의 신성을 닮아 하나님과 심정적으로 일체된 사람입니다. 이렇게 하나님과 심정적으로 일체된 인간이 부부가 되어 원죄 없는 자녀를 낳아 평화롭고 행복한 가정을 이루고, 그런 가정들이 모여 사는 세계가 창조목적을 이룬 천국이 됩니다.

구세주로 오신 예수님의 사명은 타락한 인간을 이러한 창조본연의 인간으로 회복시켜 하나님의 나라를 이루는 것이었습니다. 그러나 예수님이 오셔서 인간을 구원하려 하셨지만 유대인들의 불신으로 십자가에 돌아가심으로 말미암아, 현실세계에서는 원죄가 없는 완전한 개인·가정·사회가 결국 이루어지지 않았습니다. 아직도 구원을 받아야 할 개인·가정·사회로 남아있습니다. 따라서 예수님은 인류를 완전하게 구원하지 못하셨다고 할 수 있습니다. 예수님은 "누구든지 내 말을 듣고 나 보내신 이를 믿는 자가 영생을 얻었고 심판에 이르지 않는다."(요한복음 5장 24절)고 하였습니다. 오직 그를 믿고 따르는 자에게만 구원이 있는 것입니다.

병이 없는 자에게는 의사가 필요 없듯이 인간이 완전한 구원을 받았다면 구세주가 필요 없을 것입니다. 그러나 예수님은 재림하실 것을 약속하셨습니다. 구원해야 할 타락한 세상이 있기 때문입니다. 예수님께서 재림하시는 것은 지상에 천국을 이루어야 할 사명이 있기 때문입니다.

그렇다고 예수님의 구원이 완전히 실패한 것은 아닙니다. 예수님을 믿고 따르는 자는 영적인 구원을 받을 수 있습니다. 예수님을 믿고 따르면 예수님의 말씀대로 예수님과 함께 낙원에 머무르게 되는 것입니다.(누가복음 23장 43절) 다만 예수님의 첫째 사명인 지상에 천국을 이루지 못했다는 것입니다.

참고

예수님은 가정을 찾다가 못 찾고 십자가에 돌아갔습니다. 예수님은 '나는 신랑이요 너희는 신부다.'라고 하면서 다시 찾아와야 할 가정의 이상을 남겨 놓고 십자가에 돌아갔습니다. 그렇기 때문에 그가 다시 회생할 재림의 날을 찾아 나온 것이 2천년 기독교의 수난길입니다. 예수님은 와서 예비된 신부를 찾아야 됩니다. 그래야 가정을 중심삼고 이루려는 세 가지의 사랑 목적을 결론지을 수 있습니다. 그 자리가 요한계시록에 예언된 어린양 잔치입니다. 인간시조가 타락했기 때문에 인류는 거짓 부모, 거짓 조상을 모셨습니다. 하나님의 뜻에 일치된 참부모가 안 나타났습니다. 하나님은 알파요 오메가이기 때문에 첫 번에 구상했던 것을 끝에, 창세기에서 실패한 것을 요한계시록에서 갖다 맞추려는 것입니다.

(천성경, 제11편, 제5장, 2절, 1)

예수님은 한 단계 높여서 하나님의 사랑을 소개했습니다. 구약시대에는 모세가 사랑의 하나님은 소개하지 못하고 권능의 하나님, 능력의 하나님, 심판의 하나님만을 소개했습니다. 그러나 예수님은 사랑을 소개했습니다. 사랑의 하나님을 소개했고 사랑의 예수님을 소개했지만 당시의 인간은 받아들이지 않았습니다.

지금으로부터 2천년 전 유대교를 중심삼고 그 시대에 있어서 세계적 종교권을 만들기 위해서, 로마 앞에 반대를 받으면서 하늘 편에 서서 로마를 소화할 수 있는 종교운동의 주축으로 세우기 위해서 (하나님은) 예수님을 보냈습니다. 유대교가 믿고 있던 메시아를 보내신 것입니다. 그 메시아는 어떤 메시아냐? 유대교의 메시아입니다. 유대교의 메시아로 와서 세계적 메시아 노정을 개척하려고 하다가 돌아가셨습니다. 그러면 유대교는 어떻게 되느냐? 지금까지 유대교만을 위하는 하나님으로 모시는 그 하나님 가지고는 안 됩니다. 그러면 예수님이 이 땅 위에 와서 가르쳐 줘야 할 것이 뭐냐? 구약성경에서 가르쳐 준 하나님을 그냥 그대로 가르쳐 줘서는 안 됩니다. 신약시대의 하나님으로 가르쳐 줘야 됩니다.

(천성경, 제1편, 제4장, 2절, 27-28)

04

기독교에서 말하는 천국과 다른 점이 있나요?

예수님은 세상을 구원하여 지상에 천국을 이루러 오셨습니다. 예수님은 많은 비유와 상징으로 천국에 대하여 설명하였습니다. 마태복음 5장 산상수훈에서는 "심령이 가난한 자는 복이 있나니 천국이 저희 것임이요."라고 하였고, 마태복음 18장 3절 "어린아이같이 되지 않으면 천국에 들어가지 못하리라."고 하였습니다.

이러한 성구를 통해 예수님이 말씀하신 천국은 우리들 마음에 있다는 것을 알 수 있습니다. 천국도 지옥도 인간의 마음에 있습니다. 타락성을 근절하고 선한 성품이 마음에 자리 잡고 있으면 그 사람은 천국에 살고 있는 것입니다. 그러나 마음이 어둡고 죄성(罪性)이 가득하면 지옥에 살고 있는 것입니다.

천국이란 글자 그대로 하나님의 나라입니다. 하나님 주권의 나라입니다. 하나님과 심정적으로 하나되어 하나님께 기쁨과 영광을 돌리는 사람은 하나님 나라에 거하는 것입니다. 내가 하나님과 일체를 이루었고, 하나님의 온전하심같이 온전하며, 하나님이 거하시는 성전이 되었다면, 그는 천국에 사는 천국 백성입니다.

가정연합에서 추구하는 천국은 지상천국입니다. 죽음 후에 천국에 들어가는 것이 아니라 지상에서 천국의 백성이 되어 평화롭고 행복한 삶을 살게 될 때 죽어서도 천국에 갈 수 있는 것입니다. 그래서 예수님께서는 천국 열쇠를 베드로에게 주신다고 하시며 "네가 땅에서 무엇이든지 매면 하늘에서도 매일 것이요, 땅에서 무엇이든지 풀면 하늘에서도 풀리리라."(마태복음 16장 19절)고 말씀하신 것입니다.

물론 가정연합에서도 마음이 평화롭고 행복한 사람을 천국 백성이라고 합니다. 그러나 진정한 천국이란 내적인 천국과 더불어 외적인 세계에서도 천국이 이루어져야 합니다. 천국은 개인, 가정, 국가, 세계의 범위로 넓혀가게 되어 있습니다. 즉 개성을 완성한 남성과 여성이 만나 가정을 이루면 그 가정은 천국이고, 그런 가정이 국가적 차원으로 확대되면 그 국가가 천국이고, 그런 가정이 세계적 차원으로 확대되면 그 세계가 천국이 되는 것입니다.

참고

천국은 마치 개성을 완성한 사람 하나의 모양과 같은 세계여서, 인간에 있어 그 두뇌의 종적인 명령에 의하여 그의 사지백체가 서로 횡적인 관계를 가지고 활동하듯이, 그 사회도 하나님으로부터의 종적인 명령에 의하여 서로 횡적인 유대를 맺어 생활하게 되어 있는 것이다. 이러한 사회에 있어서는, 어느 한 사람이라도 고통을 당하면 그것을 보시고 같이 서러워하시는 하나님의 심정을 사회 전체가 그대로 체휼하게 되기 때문에 이웃을 해치는 행위를 할 수 없게 된다. 그리고 아무리 죄 없는 인간들이 생활하는 사회라 하더라도, 인간이 원시인들과 마찬가지로 미개한 생활을 그대로 할 수밖에 없다면, 이것은 하나님이 바라시고 또 인간이 원하는 천국은 아닐 것이다. 그러므로 하나님이 만물을 주관하라고 하신 말씀대로(창세기 1장 28절), 개성을 완성한 인간들은 과학을 발달시켜 자연계를 정복함으로써 극도로 안락한 사회환경을 이 지상에 이루어 놓아야 하는 것이니, 이러한 창조이상이 실현된 곳이 바로 지상천국인 것이다. 이처럼 인간이 완성되어 지상천국을 이루고 살다가 육신을 벗고 영계로 가게 되면 바로 거기에 천상천국이 이루어지게 된다. 그러므로 하나님의 창조목적은 어디까지나 먼저 이 지상에 천국을 건설하시려는 데 있었던 것이다. 《원리강론》, 111-112)

05

예수님의 십자가 죽음은 하나님께서 예정하신 것인가요?

기독교인들은 예수님이 십자가에 피 흘리고 돌아가심으로 인해 인간의 구원을 완성하셨다고 믿습니다. 이것을 기독교에서는 '대속설 (代贖說)'이라고 합니다. 십자가의 피로 (인간의) 죄 값을 치르시고 인간의 죄를 대신 사해 주셨다는 것입니다. 따라서 기독교인들은 예수님의 십자가 죽음은 하나님의 구원섭리에 예정된 사건이라고 믿고 있습니다.

그러나 하나님의 구원섭리의 목적은 지상에 하나님의 나라를 완성하는 것이기 때문에 예수님은 지상에서 메시아로서 만왕의 왕으로서 존재하셔야 했습니다. 구약성경에 보면 예수님이 지상에 메시아요 영원한 왕으로 오셔서 인간을 구원하신다는 예언이 있습니다.(이사야 9, 11, 60장)

성경에 보면 예수님 자신도 십자가 죽음의 길을 원하시지 않았습니다. 그는 제자들과 유대인들에게 한결같이 자신을 믿어달라고 하였습니다. 만약 당시의 사람들이 예수님의 말씀을 믿었다면 예수님은 십자가에 돌아가시지 않았을 것입니다. 예수님은 십자가에 돌아가시면서 "만일 할 만하시거든 이 잔을 내게서 지나가게 하옵소서."(마태복음 26장 39절)라고 하였습니다.

　예수님의 제자들 또한 예수님의 십자가 길에 대해 애석하고 분통하게 생각하였습니다. 특히 예수님 사후에 사도가 된 바울은 "이 지혜는 이 세대 관원이 하나도 알지 못하였나니 만일 알았다면 영광의 주를 십자가에 못 박지 아니하였으리라."(고린도전서 2장 8절)고 하였습니다. 당시 사람들이 하나님의 뜻을 몰랐기 때문에 예수님을 십자가에 돌아가시게 했다는 뜻입니다.

예수님을 중심삼고 이스라엘 나라와 유대교가 예수님과 하나되어 예수님의 길을 따라갔더라면, 오늘날 이 세계는 이같이 되지는 않았을 것입니다. 또한 예수님은 십자가에 죽지 않았을 것입니다. 그리고 기독교는 죽음의 길을 이어 나오지 않았을 것입니다. 그러면서도 2천년 동안에 세계를 이렇게 발전시켜 놓았는데 예수님이 죽지 않고 뜻을 이룰 수 있는 기반을 닦아 놓았더라면, 세계가 얼마나 빨리 복귀되었을 것인가! 당시에 로마를 굴복시키고도 남았을 것입니다. 이러한 관점에서 볼 때, 선생님도 역시 큰 사명을 짊어지고 있습니다. 선생님도 가인을 굴복시켜야 됩니다. 기독교가 바로 선생님의 가인의 입장에 있습니다. 기독교와 하나된 입장에서 보면, 가인의 입장에 있는 것이 이방 종교입니다. 그렇기 때문에 기독교와 이방 종교와 나라를 목표로 해서 가야 합니다. 이방 종교를 규합해 아벨의 입장에 선 다음에 국가를 규합해서 나가야 합니다. 이것이 그때에 예수님이 해결해야 할 사명이었습니다.

(문선명 선생 말씀선집, 제31권, 79-80)

06

윤회설과 재림부활은
어떻게 다른가요?

불교에서는 이생에서 번뇌와 욕망을 다 해결하지 못하고 죽어서 저승에 가면 그 번뇌와 욕망을 청산하기 위해서 다시 태어나야 한다고 믿습니다. 이처럼 다시 태어나는 것을 윤회라고 합니다. 이생에서 업(業)을 청산하지 못하고 죽으면 천상, 아수라, 인간, 축생, 아귀, 지옥의 여섯 가지 세계에서 다시 태어난다는 것입니다.

이생에서 번뇌와 욕망에 의해 쌓은 악업(惡業)의 정도에 따라 윤회의 횟수도 다릅니다. 악업을 청산한 정도에 따라 한 번 윤회할 수도 있고, 여러 번 윤회할 수도 있습니다. 초기 불교에서는 이생에서 번뇌·욕망을 다 해결하고 다시 윤회하지 않는 자를 아라한이라고 합니다.

가정연합에서 말하는 재림부활론과 불교의 윤회설은 그 의미가 비슷한 면이 있습니다. 성경에는 '이미 죽은 자들'이 예수님의 재림과 함께 부활한다고 하였습니다. (데살로니가전서 4장 13-17절)

가정연합에서는 이를 재림부활이라고 합니다. 재림부활이란 지상에서 완전히 죄를 해결하지 못하고 죽게 되면 영인체가 천국에 들어가지 못하고 지상인에게 내려오는 것을 말합니다. 지상인으로 하여금 부활하도록 협조하여 자신도 함께 부활하게 됩니다.

인간의 '속사람' 영인체는 육체를 기반으로 성장합니다. 육체로부터 분리된 영인체는 스스로 완성될 수 없기 때문에 죽어서는 죄를 해결하고 완성할 수 없습니다. 따라서 지옥과 같은 저급한 영계에 머무는 영인(체)들은 지상 사람에게 재림부활하여 죄를 해결해야 합니다.

가정연합의 재림부활과 불교의 윤회는 유사한 맥락이 있지만, 성경에서 말하는 재림부활의 형태와 그 시기는 다릅니다. 성경에서 말하는 재림부활은 말세의 시기 재림주 메시아가 다시 오실 때 그 메시아를 통해서 이루어집니다. 메시아를 통해 죄를 청산하고 메시아를 통해서 중생하게 됩니다. 메시아를 통하지 않으면 재림부활로 인한 구원은 가능하지 않습니다.

07

죽은 자의 부활은
어떻게 이루어지나요?

성경에 말세의 때에 죽은 자가 부활한다고 하였습니다. 물론 여기서의 부활은 육신의 부활이 아닙니다. 이미 죽어서 시체가 되어 살과 뼈가 흙으로 돌아간 자는 육신의 부활을 할 수 없습니다. 죽어서 썩어진 육체가 다시 살아난다는 것은 과학적으로 불가능한 일입니다. 하나님도 그렇게 비합리적이고 비상식적인 섭리를 하시지 않습니다.

죽은 자의 부활은 죽어서 이미 흙으로 돌아간 육신의 지상에서의 부활이 아닌 것입니다.

그렇다면 성경에서 말하는 "죽은 자들이 무덤에서 일어난다."(마태복음 27장 52절, 데살로니가전서 4장 16절)는 것은 무엇을 의미할까요? 부활은 메시아를 통해서 다시 살아나는 것을 의미합니다. 여기서 다시 살아남의 의미는 가치적인 것입니다. 즉 하나님의 사랑권을 떠나 사탄 주관권 내에 살던 사람이 하나님의 주관권 내로 들어오는 것을 말합니다.

무덤이란 사망과 어두움의 죄악세계를 상징합니다. 죽은 자의 부활이란 사망과 어둠의 무덤과 같은 세계에서 생명과 빛이 있는 사랑의 세계로 회복하는 것을 말합니다.

성경에서 말하는 죽음은 두 가지의 의미가 담겨 있습니다. 하나는 육신이 기능을 멈추고 흙으로 돌아가는 죽음이고, 다른 하나는 육신은 살아있지만 가치적인 면에서 인간의 창조본연의 가치를 상실한 것을 말합니다.

성경에서 예수님이 말하는 죽음은 대부분 후자의 것입니다. 예수님은 비신앙적인 사데교회 교인들에게 "네가 살았다 하는 이름을 가졌으나 죽은 자로다."(요한계시록 3장 1절)라고 하였고, "나를 믿는 자는 죽어도 살겠고"(요한복음 11장 25절)"라고 하였습니다. 성경에서 말하는 죽음과 삶은 육신의 죽음과 삶이 아닙니다. 성경은 하나님의 사랑권 내에 있지 않는 자들을 죽은 자로 보았고, 하나님의 사랑권 내에 있는 자는 산 자라고 하였습니다.

그런데 가정연합에서 말하고 있는 부활은 보다 심층적이고 의미심장합니다. 실제로 죽은 자의 부활도 이야기하고 있기 때문입니다.

이미 죽어서 영계에 가 있는 영인들도 메시아 참부모님 없이 구원을 받을 수는 없기 때문에 지상에 내려와 메시아를 통해서 구원을 받아야 합니다. 지상에서 영인체를 완성시키지 못하고 죽은 자들은 영인체의 완성을 위해서 지상으로 재림부활해야 하기 때문입니다. 영인체는 육신을 통해서 지상에서 완성해야 되기 때문에 육신을 쓴 지상인을 통해 재림부활해야 합니다. 이것을 가정연합에서는 영적 재림부활이라고 합니다. 영계에 있는 영인들이 지상인에게 영적으로 재림하여 지상인으로 하여금 구원 받을 수 있도록 협조함으로써 지상인의 구원과 더불어 영인들도 함께 구원을 받는 것입니다. 이때 영인들은 재림부활에 의해 저급한 영계에서 높고 거룩한 영계로 옮겨갈 수 있습니다.

한편《원리강론》에서 부활이라는 것은 타락으로 인하여 사탄 주관권 내에 있던 인간이 하나님의 진리를 받아들이고 하나님의 사랑권 내로 돌아오는 과정적 현상으로 설명합니다. 과거의 죄악을 회개하고 현재에 좀 더 바르고 선하게 살아가는 사람은 그만큼 부활한 것입니다. 따라서 하나님의 사랑권 내에 살게 되면 지상에서나 사후의 세계에서나 부활한 자가 됩니다.

> ## 참고

우리는 부활의 날을 고대해야 됩니다. 땅을 통하여 하늘을 부활시켜야 합니다. 우리는 부활의 근거지가 천상인 줄 알지만 아닙니다. 이 땅입니다. 이 땅이 중심입니다. 부활의 근거지도 해결점도 이 땅에 있습니다. 이 땅에서 부활이 이루어지지 않으면 천상의 부활, 인간의 부활, 만물의 부활, 지옥 인간의 부활도 한낱 명사에 그치고 맙니다. 그러므로 땅에서 먼저 부활한 사람이 나와야 됩니다. 영계에는 지옥과 중간영계와 낙원과 천국이 있는데, 지금까지 하늘 앞에 충성했던 사람들은 다 낙원에 가 있습니다. 예수님도 낙원에 가 계십니다. 부활의 목적을 달성하는 데 있어서 간접 목적지는 영계요, 직접 목적지는 땅입니다. 영계는 부활시켜야 할 곳이요, 땅은 부활해야 할 곳입니다. 그러므로 먼저 땅에서 '나는 부활했다. 부활의 목적을 종결지었다.'라고 할 수 있어야만 천상천국에 갈 수 있습니다.

(천성경, 제7편, 제4장, 1절, 17)

08

성경에서 말하는 첫째 부활을 믿나요?

성경에 예수님 재림 때에 복되고 거룩하게도 첫째 부활에 참여하는 자가 있다고 하였습니다.(요한계시록 20장 4-10절) 여기서의 첫째 부활에 참여하는 사람들은 예수 그리스도 재림 때 새로운 천년왕국에 참여하여 영생을 누릴 수 있는 사람들을 말합니다. 그들은 예수님 재림 때에 고난에 참여하는 순수하고 거룩한 신도들입니다.

성경에 보면 첫째 부활에 참여하는 사람의 수가 14만 4천의 무리라고 합니다. 여기서 말하는 14만 4천은 숫자대로의 인원은 아닙니다. 144의 숫자는 하늘수 3수와 땅의 수 4수가 합성일체화를 이룰 수 있는 입체적인 숫자로서 12수의 제곱수를 말합니다.

14만 4천의 무리는 메시아의 재림 때 첫째 부활에 참여할 순결하고 순수한 사람들로서 세상 가운데서 선택받아 천년왕국에서 영생을 누릴 수 있는 사람들입니다.

성경에 보면 그리스도가 재림하게 되면 세상이 그를 무시하고 박해하여 고난을 받는다고 하였습니다.(누가복음 17장 26절) 예수님 때와 마찬가지로 육신을 쓰고 오신 재림주님도 세상 사람들의 무지로 고난과 박해를 당할 것입니다. 그때 재림주님과 함께 고난과 박해를 받았던 순수한 성도들이 첫째 부활에 참여하는 것입니다.

참고

성경에 표시된 14만 4천 무리라는 것은 무엇을 뜻하는 것인가 하는 사실을 알아보기로 하자. (중략) 하나님의 복귀섭리노정에 있어서, 가정복귀의 사명자였던 야곱은 12자식을 중심하고 출발하였고, 민족복귀를 위하여 출발하였던 모세는 12지파(支派)를 거느렸는데, 이 각 지파가 다시 12지파형으로 번식하면 144수가 된다. 세계복귀의 사명자로 오셨던 예수님은 영육(靈肉) 아울러 이 144의 수를 탕감복귀하시기 위하여 12제자를 세우셨으나, 십자가에 돌아가시게 되어 영적으로만 이것을 탕감복귀하여 나오셨다. 그러므로 사탄에게 내주었던 노아로부터 야곱까지의 종적인 12대를 횡적으로 탕감복귀하기 위하여 야곱이 12자식을 세웠던 것과 같이, 재림주님은 초림 이후 영적으로만 144지파형을 세워 나왔던 종적인 섭리노정을 영육 아울러 횡적으로 일시에 탕감복귀하시기 위하여 144의 수에 해당하는 일정한 필요수의 성도들을 찾아 세우셔야 하는 것이다.

《원리강론》, 198-199)

예수님이 재림할 때 첫째 부활에 참석할 수 있는 것이 14만 4천 명이 아닙니다. 14만 4천 명은 14만 4천 가정이 돼야 합니다. 14만 4천 가정 가운데는 세계가 다 들어가서 하나의 나라를 편성할 수 있습니다. 그런 때가 됐기 때문에 14만 4천 가정을 축복하는 것입니다.

(문선명 선생 말씀선집, 제373권, 12)

09

기독교의 절대예정을 어떻게 이해하나요?

성경 로마서 9장 15절에 "하나님이 긍휼히 여길 자를 긍휼히 여기시고 불쌍히 여길 자를 불쌍히 여긴다."고 하셨고, 또 로마서 9장 16절에는 "원하는 자로 말미암음도 아니요, 달음박질하는 자로 말미암음도 아니요, 오직 긍휼히 여기시는 하나님으로 말미암이니라."고 하였습니다. 이 성경 구절에 의한다면 인간이 '구원을 받느냐, 그렇지 못하느냐'는 전적으로 하나님의 뜻에 달렸다고 볼 수 있습니다. 즉 인간의 구원은 하나님의 절대예정에 달렸다는 것입니다.

그러나 예정설을 부정할 수 있는 성구도 많습니다. 예수님은 병든 자를 구원하면서 "네 믿음이 너를 구원했다."고 하였고, "구하는 자에게 주시고, 찾는 자에게 만나게 하시며, 문을 두드리는 자에게 열어주신다."(마태복음 7장 7절)고 하였습니다. 이처럼 인간 자신의 믿음과 책임에 의해 구원을 받는다는 성구도 여러 구절이 있습니다.

따라서 구원이란 하나님의 뜻과 인간의 책임에 달려있다고 보고 있습니다. 성경 디모데후서 2장에 보면 "큰 집에는 금과 은의 그릇이 있을 뿐 아니요 나무와 질그릇도 있어 귀히 쓰이는 것도 있고 천히 쓰는 것도 있나니 그러므로 누구든지 이런 것에서 자기를 깨끗하게 하면 귀히 쓰는 그릇이 되어 거룩하고 주인 쓰심에 합당하며"라고 하였습니다. 하나님이 쓰실 수 있도록 자신을 깨끗하게 하는 것은 자신의 책임이라는 것입니다.

성경에는 구원이 하나님의 절대예정에 의해 이루어지는 것처럼 보이는 문구도 있습니다. 그러나 그것은 하나님의 절대성을 강조하기 위한 표현입니다. 하나님의 인간에 대한 사랑과 뜻은 절대적입니다. 하지만 하나님의 뜻에 합당하게 사는 것은 인간의 책임입니다. 따라서 인간의 구원은 하나님의 뜻과 인간의 책임에 의해 이루어진다고 할 수 있습니다.

칼빈의 예정론

예정론이란 칼빈의 중심사상 중의 하나로서, 신학의 출발점이 되는 하나님의 절대주권(Absolute Sovereignty)을 기초로 하면서 인간의 이해를 넘어서고 있는 교리이므로, 이성적 혹은 합리적 이론을 주장하는 사람들과 계속해서 충돌하고 있다. 칼빈의 절대예정론은 하나님의 절대주권과 은총론을 바탕으로 성립된 것이다. 즉 타락이나 창조 이전에 이미 하나님에 의해 구원받을 자와 멸망할 자가 예정되었다는 것이다. 칼빈은 이러한 절대예정론을 배경으로 멸망 받을 자뿐 아니라 멸망에 이르게 하는 죄악도 철저히 배척하면서, 종교개혁 당시 스위스 제네바에서 엄격한 신정정치를 펼쳐 나갈 수 있었다. 물론 이런 예정론이 후기 칼빈주의 신학자들에 의해 완화된 형태로 해석되기는 했지만, 예정론이야말로 칼빈주의 신학의 특징을 명확히 보여주는 교리라 할 수 있다. 이런 예정론에 반대하여 인간의 자유의지와 구원의 보편성을 주장하는 것이 알미니안주의이다. 알미니안주의자들은 구원의 조건은 하나님의 구원의 은혜를 긍정적으로 받아들이는 인간의 '실존적' 믿음이라고 보았다.

(교회용어사전 : 교리 및 신앙, 2013. 9. 16, 생명의말씀사)

10

구원은 어떻게 이루어지나요?

구원은 중생, 부활과도 일맥상통하는 말로 하나님과 참부모님(문선명·한학자 총재)의 아주 중요한 사역 중의 하나입니다. 하나님의 사랑권을 떠나 사탄 주관권 내에 살던 사람이 하나님의 진리를 받아들이고 하나님의 주관권 내로 들어오면 구원되었다고 볼 수 있습니다.

그리고 구원이 이루어지는 현장은 천상도 천상이겠지만 바로 이 땅입니다. 이 땅에서 구원이 이뤄지지 않으면 천상에서의 구원도 구두선에 그치고 맙니다. 구원이 이루어지는 간접적인 장소가 천상이라면 직접적인 장소는 지상입니다.

메시아의 첫째 사명은 지상에 천국을 건설하는 일입니다. 즉 지상에 하나님 주권의 나라를 건설하는 일입니다. 천국 건설과정은 개인 가정 국가 세계 천주의 범위로 확산되어 가는 섭리의 과정입니다. 메시아가 진리를 가지고 지상에 강림하여 개인 가정 종족 민족 국가 세계 천주 차원의 천국을 건설해 가는 과정에서, 메시아는 인류의 참부모로서 타락한 인간으로 하여금 원죄를 청산하고 창조목적(개인완성, 가정완성, 주관성완성)을 실현하게 하여 하나님의 자녀로 거듭나게 해주십니다. 이 참부모님의 대(大)사역에 동참하여 믿고 따르면 구원을 받을 수 있습니다.

제5부

예수님은
누구인가

01

예수님은 하나님 자신인가요?

성경 빌립보서 2장 2절에 예수님을 "근본이 하나님의 본체시나 하나님과 동등 됨을 취하지 않으시고 오히려 자기를 비어 종의 형체를 가져 사람들과 같이 되었다."고 하였습니다. 예수님이 하나님의 본체라는 것입니다. 또한 "세상은 그로 말미암아 지은 바 되었으니 세상이 그를 알지 못하였고"(요한복음 1장 10절)라는 말씀에서 예수님을 창조주로 표현하였습니다. 이러한 성경을 근거로 기독교인 중에는 예수님을 하나님 자신으로 믿고 있는 사람이 많습니다. 하나님이 인간을 구원하기 위하여 인간의 몸을 쓰고 지상에 오셨다는 것입니다.

한편 성경 다른 구절에서는 예수님 자신이 하나님이 아니고 사람의 아들 즉 '인자'라고 하였고, 하나님을 '아버지'라고 부르며 기도하였습니다. 십자가 죽음 직전에 예수는 "나의 하나님 나의 하나님 어찌하여 나를 버리셨나이까?"(마태복음 27장 46절)라고 기도하신 것을 보면 예수님은 하나님 자신이 아닙니다. 성경 디모데전서 2장 5절에는 분명하게 예수님은 하나님이 아니고 "사람과 하나님 사이에 중보"라고 하였습니다.

예수님은 하나님 자신은 아니지만 하나님의 뜻과 심정에 일체되신 분입니다. 그래서 예수님께서는 "그 날에는 내가 아버지 안에, 내가 너희 안에 있는 것을 너희가 알리라."(요한복음 14장 20절)고 하셨습니다. 본래 인간 조상 아담과 해와가 타락하지 않고 창조목적을 완성하였더라면 인간은 하나님의 실체대상이 되었을 것입니다. 창조목적을 완성한 인간은 하나님과 일체요, 성전이요, 하나님의 신성을 닮게 되어 있습니다. 그리고 피조세계의 주관자 위치에 서게 됩니다. 예수님은 인간이지만 하나님과 일체되신 분으로 신성한 존재이십니다. 타락한 인간과 분명한 차이가 있는 것입니다.

예수님은 하나님 자신은 아니시지만 타락성이 없고 하나님과 심정 일체되신 분으로 하나님의 형상이 되시기 때문에 그를 보면 하나님을 알 수 있고 하나님의 사랑을 느끼게 됩니다. 그래서 예수님께서는 하나님을 보여 달라는 빌립에게 "나를 본 자는 아버지를 보았거늘 어찌하여 아버지를 보이라 하느냐?"(요한복음 14장 9절)고 하셨던 것입니다.

예수님은 하나님의 뜻을 담은 말씀을 가지고 오신 분이시기 때문에 메시아요 그리스도이십니다. 지상에서 인간을 구원하고 거듭나게 하시기 때문에 인류의 참부모가 되십니다. 그러나 유대인의 불신으로 지상에서 가정을 이루지 못하셨기 때문에 참가정, 참부모의 이상을 재림 때로 미루시게 되었습니다.

> **참고**

예수님은 창조목적을 완성한 인간으로서 하나님과 일체이시기 때문에 그의 신성으로 보아 그를 하나님이라고 할 수도 있다. 그러나 그는 어디까지나 하나님 자신이 될 수는 없는 것이다. 하나님과 예수님과의 관계는 마음과 몸과의 관계로 비유하여 생각할 수 있다. 몸은 마음을 닮아난 실체대상으로서 마음과 일체를 이루고 있기 때문에 제2의 마음이라고는 할 수 있을망정, 몸이 마음 그 자체는 아닌 것이다. 이와 마찬가지로 예수님도 하나님과 일체를 이루고 있기 때문에 제2의 하나님이라고 할 수는 있으나 하나님 자신이 될 수는 없는 것이다. 그 때문에 요한복음 14장 9절 내지 10절의 말씀대로, 그를 본 것은 곧 하나님을 본 것이 되는 것도 사실이지만, 이 말씀은 예수님이 곧 하나님이시라는 뜻에서 하신 것은 아니다.

《원리강론》, 229)

02

메시아가 인간과
다른 점은 무엇인가요?

하나님은 인간을 구원하시기 위해 이 땅에 메시아 예수님을 보내셨습니다. 기독교 신앙고백문 '사도신경(使徒信經)'에 보면 동정녀 마리아에게서 태어난 예수님은 원죄가 없는 하나님의 독생자로서 오셨다고 했습니다. 예수님은 구세주 메시아로서 타락한 인간과 구별됩니다. 예수님은 스스로 사람의 아들 '인자(人子)'라는 말을 즐겨 쓰시면서도 한편 '하늘에서 온 자'라고 하시며 당신을 타락한 인간과 구분지으셨습니다.

그러나 예수님은 타락한 인간과 다른 분이시지 창조본연의 인간과 다른 분은 아니십니다. 타락하기 전 아담과 해와는 창조본연의 인간으로서 하나님의 실체대상, 유일무이(唯一無二)한 존재, 천주적 가치를 지닌 존재입니다. 성경에 예수님을 '후아담'(로마서 5장 18-19절)이라고 표현했습니다. 타락하지 않은 창조본연의 아담과 같은 위치입니다. 마찬가지로 인간이 완성한다면, 하나님과 심정이 일체되고, 하나님의 성전이며, 그의 온전하심같이 온전한 존재가 됩니다. 예수님도 하나님과 일체되신 분이시고 온전하신 분이십니다.

성경 말씀처럼, 예수님은 먼저 완성하신 분으로 창조본연의 하나님적인 가치를 지니셨습니다. 예수님은 하나님의 독생자 그리스도 메시아로서의 위치에 계십니다. 하지만 지상에 인간으로 오신 것만은 분명합니다. 어디까지 인간이십니다.

가정연합에서 말하는 메시아는 인류의 구세주로서의 역할을 강조하고 있습니다. 따라서 인류의 구세 사업에 종사하는 사람이 메시아입니다.

예수님께서는 이 땅에서 구원섭리의 완결을 다 못 지었기 때문에 이 지상에는 구원받아야 할 인류가 그대로 남아있습니다. 따라서 지상세계의 인류를 구원하기 위해 메시아의 사명을 띤 중심인물이 참부모로서 새롭게 오셔야 합니다.

인간의 구원은 개인, 가정, 종족, 민족, 국가, 세계적 차원으로 이루어지기 때문에 메시아도 개인적 차원의 메시아에서부터 세계적 차원의 메시아로 넓혀져 갑니다. 따라서 인간은 메시아의 역할을 어떤 차원에서 하느냐에 따라 종족메시아가 될 수도 있고 그 이상이 될 수도 있습니다.

그런데 세계적, 천주적 차원의 메시아는 누구나 될 수 있는 것은 아닙니다. 메시아로서의 자격이 있어야 합니다. 그에게는 우선 섭리의 중심인물로서 하나님의 부름 받음, 즉 하나님의 소명(召命)이 있어야 합니다. 또한 그는 타락인간을 구원할 수 있는 진리의 말씀을 가지고 오셔야 하며, 메시아로서의 개인적인 능력인 신성(神性), 인격, 지성, 카리스마 등을 두루 갖추어야 합니다. 이런 면에서 가정연합 식구들은 문선명·한학자 총재를 참부모로 오신 세계적이고 천주적인 차원의 메시아로 믿고 따르고 있습니다.

참부모와 성약시대를 발표했기 때문에 지금은 하나님 편이 영계에서부터 지상계까지 공격하는 시대가 되었습니다. 그때가 오기 때문에 선생님은 종족적 메시아 책임을 하라고 말한 것입니다. 종족적 메시아는 그 종족의 참부모입니다. 조상입니다. 조상으로서 안정되면 그 후손은 자동적으로 따르게 되어 있습니다. 그러한 배짱하고 자신을 가져야 합니다.

(천성경, 제7편, 제4장, 3절, 39)

03

예수님이 재림하시는
목적은 어디에 있나요?

환자가 있으면 의사가 필요하듯이 구원받아야 할 사람이 있으면 구세주가 필요합니다. 재림이란 다시 강림한다는 뜻입니다. 예수님은 2천년 전 초림을 통하여 세상을 완전하게 구원하지 못하셨기 때문에 세상에 다시 오셔야 합니다. 성경 마태복음 17장과 24장 등을 보면, 예수님은 말세 때 있을 현상을 이야기하고 당신이 재림하신다고 하였습니다.

예수님은 본래 메시아 구세주로서 하나님이 이상하셨던 창조목적을 이루기 위해 지상에 오셨습니다. 하지만 이스라엘 백성들의 불신으로 십자가에 돌아가심으로 말미암아 하나님이 계획하신 천국은 실현되지 못했습니다. 그러나 하나님의 뜻은 절대적이기 때문에 다시 메시아를 이 땅에 보내시게 되는 것입니다.

구세주 메시아의 강림 목적은 지상에 천국을 이루는 것입니다. 하나님의 창조목적인 개성완성, 가정완성, 주관성완성을 이루어야 했습니다. 예수님은 메시아로서 가정, 국가, 세계, 천주의 단위로 천국을 이루셔야 할 사명이 있었습니다. 그러나 당시 유대인들의 불신으로 십자가에 돌아가심으로 말미암아 인류의 구원이 완성되지 않았습니다. 예수님의 십자가 죽음으로 하나님이 본래 원하셨던 창조목적의 세계의 완성은 재림 때로 연장되었습니다.

그렇다고 예수님의 구원이 완전히 수포로 돌아간 것은 아닙니다. 예수님을 믿는 자에게 구원이 이루어지는 영적 구원의 터전을 이루신 것입니다. 오늘의 기독교인들은 예수님을 믿음으로 영적인 천국은 소유하게 되나 실체적인 지상천국은 이루지 못하게 되었습니다. 실체적인 지상천국은 예수님이 재림하셔서 이루어야 할 세계입니다.

04

지상의 천국은
어떻게 이루어지나요?

나라를 이루기 위해서는 주권과 국민 그리고 영토가 있어야 합니다. 하나님의 나라인 천국도 마찬가지입니다. 하나님이 주신 말씀(천법)과 천국에 합당한 국민과 인간이 행복하게 살아갈 환경이 갖추어져야 합니다. 천국을 이루기 위한 첫째 조건은 메시아 구세주가 하나님의 말씀을 가지고 강림하셔야 하는 것입니다. 그 말씀은 천법으로서 하나님 주권의 나라를 세우기 위한 기초가 됩니다.

하나님의 주권을 대표해서 메시아가 오시면 인류는 그를 믿고 따라야 구원을 받습니다. 메시아를 보내시고 말씀을 주시는 것은 하나님의 책임이지만, 메시아와 그가 주시는 말씀을 믿고 따르는 것은 인간의 책임입니다. 참부모로 오시는 메시아를 믿고 그의 말씀에 따라 살게 될 때 개성완성, 가정완성, 주관성완성이라는 창조목적을 이루게 됩니다.

그러므로 천국을 이루는 둘째 조건은 메시아를 믿고 따르는 백성이 있어야 하는 것입니다. 하나님의 창조목적은 하나님의 섭리와 함께 인간의 믿음, 즉 인간의 책임에 의해 이루어집니다. 아무리 하나님이 인간을 구원하시고 천국 백성으로 이끄시려고 해도 인간이 책임을 다하지 못하면 천국은 이루어질 수 없는 것입니다. 인간의 책임분담은 메시아를 믿고 모시어 그를 통해서 중생·부활하여 완성실체가 되는 것입니다.

천국을 이루는 셋째 조건은 천국의 삶의 터전, 즉 환경입니다. 아무리 주권과 국민의 조건을 갖추었다고 하더라도 환경 조건이 갖추어지지 않는다면 진정한 천국이 될 수 없습니다. 인간이 천국 생활을 누리기 위해서는 과학문명이 필수조건입니다. 과학문명이 평화롭고 행복한 삶의 터전을 지원하게 될 때 진정한 천국이 이루어지게 됩니다.

하나님의 창조목적인 지상천국에 대한 뜻은 절대적이고 영원합니다. 그러나 인간에게 주어진 책임분담을 다하지 못하면 천국은 이루어질 수가 없습니다. 역사적으로 하나님의 나라인 천국이 실현되지 못한 이유 중의 하나는, 하나님의 섭리의 중심인물들이 책임분담을 완수하지 못했기 때문입니다. 그 책임분담은 하늘이 보내신 메시아를 위한 기대를 세우는 일이었습니다. 중심인물들이 메시아를 위한 기대를 세우고 그 터전 위에서 백성도 인간의 책임분담으로 메시아를 모시고 따라야 합니다. 메시아를 통해 하나님의 심정으로 하나된 세계가 천국입니다.

악신과 선신의 싸움을 누가 끝내 줄 수 있느냐? 그것은 하나님도 아니요 사탄도 아닙니다. 그러면 누가 할 수 있겠는가? 참사랑에서 출발하여 참사랑을 가지고 가는, 세계 만민이 따라갈 수 있는 사랑의 주인공이 나오지 않고는 하나님의 싸움과 사탄의 싸움을 끝낼 수 없다는 것입니다. 이 싸움에서 해방되지 않는 한 인간역사세계에 있어 평화라는 말은 망상적인 말입니다.

하나님은 참사랑의 대표자를 보내는데, 그 주류사상을 메시아사상, 구세주사상이라 합니다. 구세주는 인간만이 아니라 하나님까지 해방하는 사람을 말합니다. 악을 처단하는 사람을 말한다는 것입니다. 하나님 해방과 악을 결산짓기 위한 총책임자가 구세주입니다. 구세주의 사명은 하나님을 해방하는 것이요 사탄을 처단하는 것입니다. 인간을 물어 제끼면서 참소하던 원한의 원흉을 누가 청산하느냐? 하나님이 못 합니다. 메시아만이, 구세주만이 할 수 있습니다.

(문선명 선생 말씀선집, 제136권, 220-221)

참고2

하늘나라에 들어가는 사람은 책임분담 완성을 해서 참부모의 혈육을 지닌 자식이 되어 하나님의 직접적 사랑을 받을 수 있는 자리에 가야 됩니다. 그런 자리에서 주관을 받으며 살던 사람들이 가는 곳이 천국입니다. 그렇기 때문에 이것을 모르면 천국에 들어가서 입적을 못 합니다. 덮어놓고 안 됩니다. 그러니 책임분담을 알아야 됩니다. 책임분담을 왜 주었느냐? 그것은 인간에게 무한하고 고귀한 가치를 부여하기 위해서, 하나님의 창조의 위업에 가담시키기 위해서입니다. 만약 인간에게 책임분담을 부여하지 않았다면 인간은 하나님의 사랑을 대할 수 있는 대상의 자리에 설 수 없습니다.

(천성경, 제4편, 제2장, 1절, 12)

제6부

구원섭리와
재림주님

01

하나님의 구원섭리가 연장되었다고 보나요?

　인간 조상 아담과 해와의 타락 이후 하나님의 구원섭리는 시작되었습니다. 구원섭리는 하나님의 창조목적을 완성하는 섭리입니다. 하나님의 창조목적 완성을 위한 구원섭리는 역사상 계속되었지만 아직 완결·완성되지 않았습니다. 구원섭리는 본연의 상태에서 잃어버렸던 구원의 조건을 다시 찾아 세우는 것이므로 복귀섭리라고 합니다.

　복귀섭리의 완성을 위해서는 아담가정에서 잃어버린 조건을 탕감해야 합니다. 곧 믿음의 기대와 실체기대를 세우는 것입니다. 믿음의 기대는 아담과 해와가 잃어버렸던 믿음을 회복하는 것을 말하고, 실체기대는 하나님과의 심정적 기대를 회복하며 하나님에게로 다가설 수 있는 실체적 토대를 쌓는 것을 말합니다. 하나님은 역사상 중심인물을 세워서 이 두 기대를 세우는 섭리를 하셨습니다. 그러나 중심인물들이 책임을 다하지 못하여 믿음의 기대와 실체기대를 세우지 못하고 연장되었습니다.

　인류역사가 나선형의 동시성을 그리며 반복되는 이유는 바로 잃어버린 믿음의 기대와 실체기대를 다시 찾아 세워야 하기 때문입니다. 복귀섭리를 계승한 중심인물이, 앞선 중심인물이 세우다가 실패한 믿음의 기대와 실체기대를 다시 세우고자 했을 때, 그 다시 세우는 조건의 내용과 방식이 서로 비슷하기 때문에 역사가 반복된다고 보는 것입니다.

　역사학자 토인비는 그의 논문 「역사는 반복하는가?」에서 신비하게도 나선형 동시성을 그리며 역사는 반복한다고 하였습니다. 그러나 그는 역사의 반복하는 현상을 발견은 하였지만 왜 역사가 동시성을 그리며 반복하는지는 이야기하지 못했습니다.

　가정연합에서는 인류의 구원을 위해 오시는 메시아를 맞이하기 위한 기대가 무너지면 다시 그 기대를 찾아 세워야 하기 때문에 역사는 반복하는 것으로 보고 있습니다. 예를 들면 예수님이 오시기 전에 세워졌던 메시아를 위한 기대를 재림주님이 오시기 전에 또다시 세워야 하기 때문에 역사는 반복한다고 보는 것입니다. 그러므로 기원전 예수님이 오시기 전의 400년 '메시아 강림준비시대'와 재림주님이 오시기 전의 '메시아 재강림준비시대'가 반복되는 것을 알 수 있습니다.

참고

하나님께서는 이 우주를 되찾기 위한 섭리를 하시면서 한 번에 온 우주를 찾을 수 없기 때문에 먼저 하나의 사람을 찾기 위한 수고의 역사를 하셨으니 그것이 바로 아담 타락 이후 노아를 찾기 위한 1600년 기간이었습니다. 아담이 실수함으로 말미암아 하나님께서는 노아를 세우셨으나 노아도 그 뜻에 대한 책임을 다하지 못함으로 말미암아 이것이 400년 연장하여 아브라함·이삭을 거쳐 야곱 때에 이르러서야 비로소 하나의 개인을 찾고, 하나의 가정을 찾았습니다. 하나님께서는 그 야곱가정을 중심하여 애급노정을 거치게 하셨고, 모세를 세우시어 이스라엘 민족을 이끌게 하신 것입니다.

(문선명 선생 말씀선집, 제4권, 100)

참고2

본연의 민족을 찾기 위하여 모세를 몰아냈던 하나님께서는 얼마나 그로 말미암아 민족을 거느리고 살고 싶으셨겠는가? 그러나 그 뜻을 모세는 이루지 못하였습니다. 온 인류에게 본향의 가정을 찾고 산천을 찾아 그 땅에 민족을 세우고 국가를 세워 세계를 회복하게 하려는 하나님의 뜻을, 세움 받은 사람들이 받들지 못하고 실패해 나온다 할지라도, 그 뜻은 뜻대로 더 큰 범위를 갖추는 조건적인 인연을 맺어 나온다는 것입니다. 그리하여 본연의 민족을 찾으려 했던 하나님의 뜻은 연장되더라도 하늘은 이것을 수습하고 본연의 국가를 세우기 위하여 메시아를 보냈습니다.

그런데 그 메시아가 어떻게 되었습니까? 예수님께서는 민족을 중심삼고 하나님이 주도하실 수 있는 국가 형태를 갖추어 천적인 주권을 이 땅 위에 세워 드리고 싶은 마음이 얼마나 간절했겠습니까? 그런데 민족의 책임자로 오셨던 예수님을 이스라엘 민족은 어떻게 대했습니까? 그를 중심삼고 하나의 본연의 국가를 건설하고 사탄들을 향해 행군하는 천군이 되어야 하고, 하늘의 정병이 되어야 할 이스라엘 민족이 어떠했습니까? 예수님의 죽음은 생이별입니다.

(문선명 선생 말씀선집, 제7권, 35)

02
재림주님은 언제 오시나요?

성경에 예수님께서는 "인자가 아버지의 영광으로 다시 온다."(마태복음 16장 27절)고 하였습니다. 그러나 "그 때는 아무도 모른다."(마태복음 24장 36절)고 하였습니다. 다만 주님이 다시 오시는 때가 말세라고 말하고 있습니다. '말세가 언제인가?' 하는 것은 동시성시대의 섭리를 통해서 알 수 있고 또한 말세의 징조를 통해서 알 수 있습니다.

동시성의 섭리로 보면 예수님이 오시기 전 기원전 400년 기간이 메시아 강림준비시대이고, 재림주님이 오시기 전 종교개혁과 르네상스 이후 오늘날까지 400여년을 메시아 재강림준비시대라고 할 수 있습니다. 메시아 강림준비시대와 재강림준비시대는 동형적으로 동시성을 그리면서 반복됨을 알 수 있습니다. 이는 메시아를 맞이하기 위한 탕감조건을 반복해서 세워야 하기 때문입니다.

말세는 사탄 주권의 세계가 멸하고 하나님 주권의 창조목적이 회복되는 시기로, 잃어버렸던 3대축복이 복귀하는 시기입니다. 즉 개성완성, 가정완성, 주관성완성의 시기입니다. 현재 우리가 살고 있는 세상의 문화와 환경을 보면 이 시대가 3대축복이 복귀되는 때라 볼 수 있습니다. 즉 재림주님이 이 땅에 오셔서 하나님 주권의 문화와 환경을 이룰 수 있는 조건이 성숙된 세계라고 할 수 있습니다.

제1축복으로서의 개성완성 복귀의 현상을 통해 보면 현재가 말세입니다. 지금은 개인의 인격과 자유를 존중하는 시대입니다. 대부분의 국가가 자유민주주의를 실현하면서 개인의 인격으로서의 개성을 존중하고 있습니다. 국가의 주권은 국민 개개인에 돌아가 있습니다.

제2축복은 가정완성입니다. 현재 세계는 교통과 통신의 발달로 세계가 하루의 생활권이 되어가고 있습니다. 또한 세계가 국경과 사상의 장벽을 넘어 자유로이 통행할 수 있는 시대가 되어가고 있습니다. 완성된 개인이 가정완성을 이루고 이 참가정이 종족 국가 세계로 확산되면 인류가 지구가족이 되어 하나의 가족과 같은 세계에서 살아갈 수가 있게 될 것입니다.

제3축복은 주관성완성입니다. 이 시대는 과학문명의 발달로 편리하고 안락한 생활을 할 수 있게 되었습니다. 이제 환경적인 면에서 천국에 가까운 세상이 되었습니다. 물론 산업화와 개발에 의해 환경이 파괴되고 지구온난화 등 극단의 기상현상이 나타나고 있으며, 핵 확산과 인공지능(AI) 병기가 등장하는 등 전쟁의 가능성도 높아지고는 있지만, 인간의 지혜는 점점 이를 극복하고 하나님의 창조목적의 완성을 향하여 가고 있음을 감지할 수가 있습니다.

참고

오늘날 수많은 종교들이 주장하던 세계적인 사조도 지나가 버립니다. 최후에 재림주로 오시는 신랑을 중심삼고 신부들이 만나는 새로운 세계문화권 시대가 옵니다. 그 세계는 언어도 통일이요, 생활도 통일이요, 행동도 통일이요, 소원도 통일이요, 심정도 통일된 시대입니다. 그러한 통일문화세계를 통해 하나의 세계로 수습되기 때문에 그 기준을 바라보면서 출발한 것이 통일교회입니다.

(천성경, 제12편, 제3장, 4절, 18)

03

재림주님은 구름 타고 오시나요?

　성경에는 재림주님이 오시는 형태가 서로 다르게 표시되고 있습니다. '구름 타고 오신다.'와 '육체를 쓰고 오신다.'의 두 가지로 나타나 있습니다. 요한계시록 1장 7절에는 "볼지어다. 구름을 타고 오시리라."고 하면서 재림주님은 구름을 타고 오신다고 되어 있습니다. 반면에 요한 2서 1장 7절에는 "예수 그리스도께서 육체로 임하심을 부인하는 자가 미혹하는 자요 적그리스도니라."고 해서 주님은 육체로 오신다고 되어 있습니다.
　성경에 이처럼 양면으로 기록되어 있기 때문에 기독교인들은 재림주님이 오시는 형태에 대하여 혼동하고 있습니다. 성경(요한계시록)을 문자대로 믿는 성도는 재림주님이 구름을 타고 오신다고 믿고 있습니다. 합리적으로 사고하는 사람들은 성경의 중요한 부분이 상징과 비유로 되어 있기 때문에 구름을 타고 오신다는 것도 상징과 비유라고 믿고 있습니다. 가정연합은 성경에 있는 여러 정황으로 볼 때 재림주님은 구름 타고 오시지 않고 육체로 오심을 믿고 있습니다.

그러나 성경 일부에서는 예수 그리스도 초림 때의 현상을 구름 타고 오시는 것으로 묘사하고 있습니다. 구약성경 다니엘 7장 13절에서는 "인자 같은 이가 하늘 구름을 타고 와서"라고 쓰고 있습니다. 구약시대 이스라엘 사람들도 예수님이 구름 타고 오시리라고 믿고 있었다고 볼 수 있습니다. 성경에 의해 예수님이 구름을 타고 오리라고 믿던 유대인들은, 마리아에게서 육신으로 태어난 예수님을 그리스도 메시아라고 믿을 수가 없었습니다. 그래서 그를 십자가에 돌아가시게 한 것입니다.

한편 성경에서는 예수님이 지상에 오시면 "고난을 당하고 버림을 받는다."(누가복음 17장 24-25절)고 하였고, 그가 올 때 "세상에서 믿음을 보겠느냐."(누가복음 18장 8절)고도 하였습니다. 이 성경 구절은 예수님께서 육신으로 오신다는 것을 암시하고 있습니다. 만약 예수님께서 구름을 타고 오신다면 누가 예수님을 박해하고 불신하겠습니까? 예수님께서 여인의 몸을 통해서 태어났기 때문에 그를 불신하고 메시아가 아니라고 박해를 하게 된 것으로 이해해야 맞습니다.

또한 성경에는 예수 그리스도가 재림할 때 일어나는 지상의 현상을 표현하고 있습니다.(이 책 4장 8항 등을 참조) 이를 보면 재림주님은 육체를 쓰고 오신다고 믿을 수밖에 없습니다.

인간을 지으신 하나님의 뜻은 영적인 기준의 망상적이고 공상적인 국가 이념을 이루기 위한 것이 아니라, 살아생전에 인간들이 땀을 흘리며 살고 있는 터전 위에 가정과 종족을 편성하고 민족과 국가를 형성하여 하나님이 사랑하는 소망의 나라, 소망의 천국을 이루는 것입니다. 이러한 나라를 이루어 하나님의 사랑을 받아야 하는 것이 본래의 창조이상이었습니다. 이렇게 땅위에 아무런 기반이 없는 영적인 나라만을 이루는 것이 하나님의 소원이 아닙니다. 다시 오시는 주님이 공중에서 구름을 타고 와서 영적으로 망상적인 국가를 창설하는 것이 하나님의 소원이 아닙니다. 그가 다시 오는 것은 이 땅을 발판으로 하여 하나님의 사랑을 몽땅 받을 수 있는 하나의 신부를 맞이해서, 인간 조상이 6천년 전에 인류의 참조상이 되지 못하고 거짓 조상이 됨으로써 잃어버린 것을 되찾는 역사를 하기 위해서입니다.

(천성경, 제2편, 제2장, 2절, 7)

04

한국을 선민으로 보는 근거는 무엇인가요?

선민이란 하나님의 구원섭리를 위해 선택된 '중심 국민'을 말합니다. 하나님은 구원섭리를 위해 중심인물을 세우시고, 중심인물을 통해 가정, 종족, 민족, 국가로 하나님 선주권의 세계를 넓혀 나가십니다. 하나님은 복귀섭리역사에서 메시아를 보내기 위해 가정, 종족, 국가 단위로 메시아의 기대를 세우기 위한 중심인물을 택해 오셨습니다.

역사적으로 보면 메시아를 위한 가정적 기대는 아담과 노아의 가정이, 종족적 기대는 아브라함 가정이, 민족적 기대는 모세를 중심한 이스라엘 민족이, 국가적 기대는 예수 그리스도 탄생 무렵의 유대 국가가, 세계적 기대는 예수 그리스도를 중심한 기독교가 세워야 했습니다.

이스라엘은 국가적인 메시아를 맞이하기 위한 선민이었습니다. 이스라엘이 일단 선민이 된 것은 아브라함 가정의 혈통을 이어받았고, 메시아를 위한 기대를 민족적으로 세웠기 때문입니다.

이스라엘은 '승리자'라는 말입니다. 야곱이 천사와 싸워 이기고 승리자, 곧 이스라엘이라는 칭호를 받았습니다. 그래서 야곱의 후손으로 이루어진 민족을 이스라엘이라고 부른 것입니다.

그러나 유대 땅의 이스라엘 민족은 메시아를 위한 기대를 세우고 메시아를 맞이하였으나 그를 십자가에 돌아가시게 했으므로, 하나님은 다른 열매 맺는 백성에게 메시아를 보내실 것을 말씀하셨습니다. 성경에 아브라함 후손들로 이루어진 이스라엘 백성에게 "아브라함이 우리의 조상이라 생각하지 말라. 내가 너희에게 이르노니 하나님이 능히 이 돌들로도 아브라함의 자손이 되게 하시리라."(마태복음 3장 9절)고 하였고, 로마서 11장 11절에는 "저희(유대인)의 넘어짐으로 구원이 이방인에게 이르러 이스라엘로 시기 나게 함이라."고 하였습니다.

이스라엘 민족은 하나님이 보내신 메시아 예수님을 불신하여 십자가에 매달아 돌아가시게 함으로써 선민으로서의 자격을 상실했습니다. 그래서 성경에서는 포도원 주인과 농부의 비유에서 재림 메시아를 열매 맺는 다른 나라와 백성에게 보내신다(마태복음 21장 33~44 절)고 하였습니다. 하나님께서 제3의 이스라엘 민족을 선택하여 메시아를 보내신다는 의미입니다.

메시아의 재림은 메시아를 위한 기대를 세우고 심정적으로 하나님의 복귀섭리를 계승할 수 있는 백성에게 이루어지는 것입니다. 가정연합에서는 재림 메시아를 보내실 새로운 선민으로서의 '제3의 이스라엘'을 대한민국으로 믿고 있습니다. 한국은 메시아를 맞이할 수 있는 믿음의 기대와 심정적 기대를 갖추었기 때문입니다.

한국은 메시아가 재림하실 수 있는 조건을 갖춘 나라입니다. 무엇보다도 메시아를 맞이할 수 있는 심정적 기대가 이루어져 있습니다. 신앙의 자유가 있으며, 하나님의 사랑에 감응할 수 있는 인정이 풍부한 민족입니다. 하나님의 복귀섭리에 담긴 뜻과 사정이 통할 수 있는 충과 효의 정신을 가진 민족입니다.

그런데 기독교인들 가운데는 재림주님이 이스라엘 땅에 다시 오실 것이라고 믿는 사람들도 많이 있는 편입니다. 그러나 앞에서도 언급 했듯이 성경을 보면 그렇지는 않습니다. 이스라엘에게 맡겼던 유업을 열매 맺는 다른 나라와 백성에게 넘긴다고 하였습니다."(마태복음 21장 33-44절)

성경 말씀처럼 재림주님은 준비된 나라 백성에게 오십니다. 그 나라는 메시아를 맞이하기 위한 기대로 믿음의 기대와 실체기대를 세워야 합니다. 하나님의 말씀을 지키지 못하여 타락한 인간은 먼저 절대신앙의 기준인 믿음의 기대를 세워야 합니다. 그다음으로 타락성을 벗기 위한 탕감조건(실체기대)을 세워야 합니다.

메시아는 지상에 천국을 이루어야 하기 때문에, 메시아가 오실 나라는 내적인 믿음의 기대와 실체적인 환경적 기대가 조성되어 있어야 하는 것입니다. 한국은 고난의 역사를 통해 하늘을 맞이하고 모실 수 있는 내적인 준비가 되어 있고, 민주주의를 이루어 자유롭게 선교할 수 있는 환경이 조성되어 있습니다.

메시아를 맞이하기 위해서는 초림 메시아가 잃어버렸던 40수, 사탄 분립, 중심인물 등 탕감조건을 찾아 세우는 일도 필요한데, 대한민국은 그런 탕감조건을 세운 민족입니다. 40년 일제 통치의 수난을 받아 40수 탕감조건을 세웠고, 하늘편 상징인 남한과 사탄편 상징인 북한이 갈라져 사탄 분립의 탕감조건을 세웠습니다.

또한 신학·종교계 등 각계 인사들의 예언적·실체적인 활동으로 한국에는 문선명·한학자 총재를 메시아 참부모로 맞이할 수 있는 기반이 조성되어 있다고 볼 수 있겠습니다.

하나님이 원하는 조국이 어디이고, 인류의 본향이 어디인가? 참부모님이 태어나신 고향이 역사적이요 우주적이요 세계적인 본향 땅이 됩니다. 조상과 사상과 전통을 이어받아야 됩니다. 그러지 않으면 의붓자식 취급을 받습니다. 한국 백성은 선민이 되어야 합니다. 그러기 위해서 선생님은 안팎을 뒤집어놓아야 합니다. 한국이 본향이고 조국이라면 모든 세계적인 문명이 한국에서 이루어져야 합니다. 우리가 한국을 본향으로 만들기 위해서는 충성·정성·사랑·희생의 제물이 될 것을 각오해야 됩니다. 그러지 않으면 한국은 본향으로서의 자격을 잃게 됩니다. 좋은 것을 만들기 위해서는 실천이 필요합니다. 피와 땀과 눈물을 흘리면서라도 이루어야 합니다.

(천성경, 제12편, 제3장, 5절, 26)

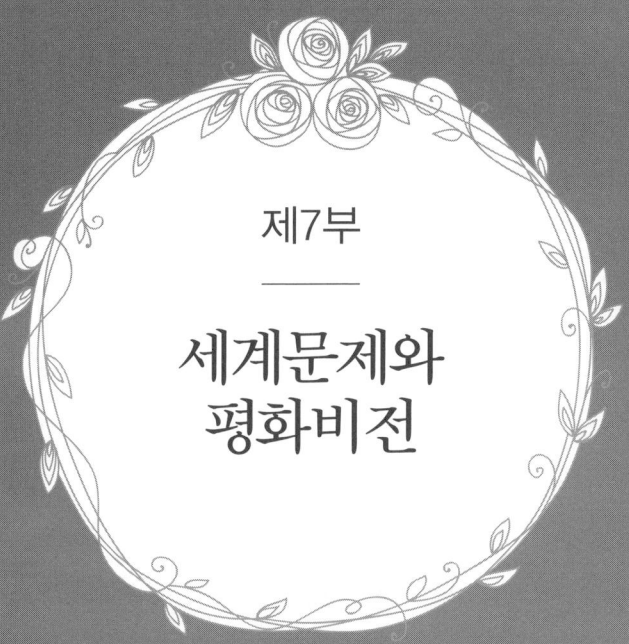

제7부

세계문제와 평화비전

01

가정 붕괴현상에 대한 근원적 해결방법은 무엇인가요?

　오늘날의 사회풍조로는 '순결' '결혼' '가정'이라는 개념은 그리 중요시되고 있지 않습니다. 고교생들의 의식조사를 통해서도 청소년들의 성윤리 붕괴를 읽을 수 있습니다. 또 싱글 남녀들의 조사를 통해 드러난 결과로는, 기업환경 등 사회환경이 열악해진 이유도 있겠으나 만혼(晩婚)이 유행하고 있고, 결혼을 기피하는 비혼(非婚) 현상도 눈에 띄게 늘고 있습니다.

　그밖에도 결혼기를 지나고 있는 남녀들이 결혼하지 않은 채 동거를 하거나, 사실혼의 관계만을 갖고 그들 나름대로의 방식대로 살아가기도 합니다. 그야말로 현대의 젊은이들의 개성을 앞세운 삶의 방식은 또 어디로 향할지 알 수가 없습니다.

　또한 현대사회의 이혼율은 매우 높습니다. 자식들이 독립하여 집을 떠난 후의 실버 세대들의 이혼도 증가 추세에 있지만, 젊은 층도 결혼 3년 무렵에 상대방에 싫증을 느끼고 이혼하는 경우가 적지 않습니다. 정부의 인구동태 통계를 보더라도 어떤 이유에서든지 오늘날 이혼은 증가 추세에 있고, 이는 가정이 붕괴되어 가는 것을 그대로 드러내고 있는 현상이라 생각됩니다.

금후로도 이성과 결혼 등의 문제에 있어 개인의 개성화는 더욱 진전될 것이고, 성(性)동일성 장애, 동성애 등의 문제도 사회적 혼란을 야기할 것입니다. 일부의 작가들은 '불륜의 경제적 효과'도 운운하며 '불륜 붐'을 조장하기도 합니다. 현대사회는 성(性)에 있어서의 인권까지도 부르짖으면서, 인간의 성에 있어 '다양성 혼란'을 불러오고 있습니다. 이런 흐름 속이라면 창조이상의 가정의 성립과 존립은 어려워질 수가 있고, 가정이 붕괴되어 가는 속도도 더욱 빨라질지 모릅니다.

이런 가정 붕괴가 촉진되고 있는 세계적 동향에 대처하는 길은 오직 한길밖에 없습니다. 그것은 지금 우리 사회의 성의 패러다임을 혁신적으로 전환해야 하는 것입니다. 가정연합의 순결·결혼·가정이야말로 지상천국의 건설을 위한 중요한 규범이자 기점이라는 것을 인류 앞에 제시하고, 실천하면서 참된 가정의 가치(참가정주의)를 세워 나가는 일입니다.

참가정주의의 내용이란 ① 우주와 인간존재의 근원은 절대자인 하나님이고 ② 그 본질은 참사랑이고 ③ 절대자로부터 지음을 받은 인간의 본질도 참사랑이며 ④ 가정은 4대 사랑을 익히고 배우는 '사랑의 학교'요 ⑤ 특히 부부의 사랑은 부부 외의 다른 사람들과 나눌 수 없는 절대사랑이며 ⑥ 하나님과 참부모님의 축복에 의한 결혼이 참가정 형성의 출발점이 된다는 것입니다.

　이러한 참가정을 기본으로 하여 확대된 세계는 '하나님 아래 인류 한가족', 즉 글로벌 패밀리의 이상세계가 되는 것입니다. 이 글로벌 패밀리를 실현할 수 있다면, 이 글로벌 패밀리에 속한 각 가정들은 창조주 하늘부모님을 닮은, 참사랑을 실천하는 지상의 참주인이 될 수 있을 것입니다.

가정맹세

가정맹세는 축복가정의 천국행의 이정표로서, 기도 중에 최고의 기도로 인정받고 있으며, 가정교회에서 '주기도문'처럼 낭송되고 있다.

1. 천일국 주인 우리 가정은 참사랑을 중심하고 본향 땅을 찾아 본연의 창조이상인 지상천국과 천상천국을 창건할 것을 맹세하나이다.
2. 천일국 주인 우리 가정은 참사랑을 중심하고 하늘부모님과 참부모님을 모시어 천주의 대표적 가정이 되며 중심적 가정이 되어 가정에서는 효자, 국가에서는 충신, 세계에서는 성인, 천주에서는 성자의 가정의 도리를 완성할 것을 맹세하나이다.
3. 천일국 주인 우리 가정은 참사랑을 중심하고 4대 심정권과 3대 왕권과 황족권을 완성할 것을 맹세하나이다.
4. 천일국 주인 우리 가정은 참사랑을 중심하고 하늘부모님의 창조이상인 천주대가족을 형성하여, 자유와 평화와 통일과 행복의 세계를 완성할 것을 맹세하나이다.
5. 천일국 주인 우리 가정은 참사랑을 중심하고 매일 주체적 천상세계와 대상적 지상세계의 통일을 향해 전진적 발전을 촉

진화할 것을 맹세하나이다.

6. 천일국 주인 우리 가정은 참사랑을 중심하고 하늘부모님과 참부모님의 대신가정으로서 천운을 움직이는 가정이 되어 하늘의 축복을 주변에 연결시키는 가정을 완성할 것을 맹세하나이다.

7. 천일국 주인 우리 가정은 참사랑을 중심하고 본연의 혈통과 연결된 위하는 생활을 통하여 심정문화세계를 완성할 것을 맹세하나이다.

8. 천일국 주인 우리 가정은 참사랑을 중심하고 천일국시대를 맞이하여 절대신앙·절대사랑·절대복종으로 신인애 일체이상을 이루어 지상천국과 천상천국의 해방권과 석방권을 완성할 것을 맹세하나이다.

'가정맹세'는 1994년 5월 1일 세계기독교통일신령협회 창립 40주년을 맞아 선포되었다.

가정맹세는 천국문을 열어 주는 열쇠입니다. 천국문은 금이나 은으로 만든 열쇠로 열 수 있는 문이 아니요, 참사랑으로 완성한 참가정의 열쇠로 열어야 열리는 문입니다.

(평화경, 제2편, 15, 328-329)

02

혼전순결과 국제축복결혼을
강조하는 이유는 무엇인가요?

인간 조상 아담과 해와는 처음부터 완성한 존재로 창조되지 않았습니다. 미성숙한 단계를 지나 성인이 되도록 창조되었습니다. 아담과 해와가 성장하여 완성한 존재가 될 때 비로소 결혼을 하는 것이 하나님의 창조계획이었습니다. 즉 아담과 해와가 개인의 인격체로서 완성을 하고, 결혼하여 가정을 이루고, 만물을 주관하여 세상을 치리할 수 있는 인간이 되길 바라셨던 것입니다.

그러나 아담과 해와가 완성하지 못한 상태에서 '성적 타락'을 하여 하나님의 창조계획(개성완성-가정완성-만물주관)은 전부 물거품이 되어 버렸습니다. 즉 개성완성, 축복결혼에 의한 가정완성, 만물주관 이라는 이상이 실현되지 못한 것입니다.

원죄라는 것은 인간 조상 아담과 해와의 타락(완성한 성인이 되기 전에 선악과를 따먹은 일=성적 타락)에 의해 형성된 죄로, 후손들에게 계속 전해지고 있는 죄입니다. 인간 조상 아담과 해와가 하나님의 '따먹지 말라'는 계명을 지키지 않고 타락함으로 말미암아 타락성이 형성되었고, 이 근성이 후대의 인간들에 있어 숙명적으로 계승되고 있는 것입니다. 그것을 바라보고 계시는 하나님은 안타까움과 슬픔의 한이 맺히셨습니다. 하나님은 성인이 되기 전의 아담과 해와가 하나님의 계명을 어기고 사탄의 유혹에 의해 타락하자 인간 지으심을 후회하시며 한탄하셨다고 하였습니다.(창세기 6장 6절)

하나님께서 한탄하실 정도로 인간 조상 아담과 해와의 타락은 하나님에게는 크게 예기치 못한 일이었던 것입니다. 더구나 그 타락이 가정 종족 민족 국가 세계로 계속 확산되어 갔으니, 하나님께서는 이 타락의 도미노를 어찌 막을 수 있을지 밤낮으로 고민하셨을 것입니다.

하나님께서는 아담 해와 이후의 타락한 인류를 구제하는 구원섭리를 시작했습니다. 이 하나님의 구원섭리의 뜻을 받들고 구원·복귀섭리를 시작한 곳이 바로 가정연합입니다.

가정연합은 축복결혼을 통해 참된 가정을 이루기 위해서는 그 전제조건으로 남성과 여성이 각각 혼전순결을 지키도록 강조합니다. '혼전타락'한 아담과 해와의 전철을 되풀이하지 않기 위해서입니다. 혼전순결은 참된 가정의 절대 조건입니다. 하나님이 미성숙기의 상태(결혼하지 않은 상태)에서 완성을 향해 성장하고 있던 아담과 해와에게 '선악과를 따먹지 말라(성적 타락을 하지 말라)'고 한 것은 혼전순결과 절대 성(絕對性)을 지키라는 하나님의 간곡한 당부였습니다.

현재 각국의 가정연합에서는 순결을 지키자고 외치며 혼전순결을 절대 강조하는 순결운동을 전개해 나가고 있습니다. 순결하지 않은 사랑은 완전한 사랑이 아닙니다. 절대적인 사랑은 그야말로 순결을 통해서만이 가능합니다. 가정연합은 그래서 혼전순결을 강조하고 있습니다. 그리고 순결은 여성에게만 요구되는 것이 아니고, 남성과 여성이 함께 노력하여 지켜 나가는 일이 중요합니다. 물론 결혼 후에도 서로가 순결을 지켜야만 가정을 온전하게 지켜 나갈 수가 있습니다. 결혼 후의 순결, 즉 부부가 정절을 지키고 참사랑에 의해 영원히 일대일의 성관계를 지켜 나가는 것을 '절대 성(性)'이라 표현합니다. 부부가 참사랑에 의해 영원히 일대일의 성관계를 지켜 나가는 것은 절대시되어야 합니다. 축복 가정은 순결을 지키는 일을 생명시하며, 절대적 사랑과 절대 성에 의한 참가정의 실현에 솔선수범하고 있습니다.

'지구가족의 건설'은 전 세계의 참가정들이 연합하여 하나가 되는 공동체를 만드는 일입니다. 이 참가정들이 모여서 연합하게 되면 사회, 국가, 세계로 확대되어 나갑니다. 그렇기 때문에 가정은 사회, 국가, 세계로 나아가는 출발점이자 첫 기반이 되는 것입니다.

참가정운동에 의해 '참가정 만들기'가 속도를 내어 참가정들이 세계로 확대되어 가면, 세계적 차원에서 결실을 맺게 될 것입니다. 이 때 전 세계적으로 참가정이 정착하게 되면, 대망의 지상천국 생활이 드디어 시작되는 것입니다. 참가정이 순결과 참사랑을 실천하면서 확산되어, 이상의 사회, 이상의 국가, 이상의 세계를 만드는 데 성공하면, 드디어 하나님의 창조이상으로서의 천국의 환경권이 조성되고, 하나님의 나라인 지상천국이 출현하게 되는 것입니다.

그런데 가정의 천국에서부터 시작하여 세계적 천국으로 나아가는 과정에서 몇 가지 걸림돌이 있습니다. 그것은 여러 종교와 사상, 문화, 인종, 민족, 정파 등이 서로 대립하고 갈등하고 투쟁하고 있어서 그 경계선과 국경을 넘기가 쉽지가 않다는 것입니다.

그래서 이 경계선과 국경을 힘들이지 않고 돌파해 내기 위해서 가정연합은 국제교차축복결혼을 시키고 있습니다. 국적이 다르거나 인종과 민족이 서로 다르더라도 서로 부부가 되어 '부부의 사랑'으로 참가정을 만들면 국경선이나 여러 장벽을 수월하게 허물어 버릴 수가 있기 때문입니다. 그야말로 국제교차축복결혼은 세계 인류를 하나로 묶어 이 땅에 천국을 실현하기 위한 아주 효율적인 '하나님의 전략'이 되는 셈입니다. 이것이 국제축복결혼을 시키는 이유입니다. 그래서 가정연합에서는 국제축복결혼을 적극 권장하며 추진하고 있습니다.

지금까지 문선명·한학자 총재 양위분의 주례로 국제축복결혼을 한 가정은 주로 한일가정(한국인 남편과 일본인 아내)과 일한가정(일본인 남편과 한국인 아내)이 주류를 이루어 왔습니다. 한국인과 일본인의 국제결혼은 주로 1988년 10월에 치러진 6500쌍 국제축복결혼식과 1992년 8월에 거행된 3만쌍 국제축복결혼식을 통해 이루어졌습니다. 이때 수많은 한일-일한 커플들이 참된 가정을 이루었고, 그들은 '가깝고도 먼 나라'의 간극을 메우고 양국의 관계증진을 위해 큰 역할을 하고 있습니다. 1995년 8월에는 36만쌍 국제축복결혼식이 서울 올림픽 메인스타디움에서 열려 한국, 일본, 아시아, 북미, 유럽, 중남미, 오세아니아 대륙 등에서 신랑 신부들이 몰려들어 결혼축복을 받았습니다.

2000년대 이후에는 유엔을 비롯해 기독교 교회에서도 초종교·초인종·초국가 차원의 축복식이 거행되고 있습니다. 가정연합의 축복식은 이제 국경 없는 평화세계 실현의 첩경이자 가장 확실한 방안으로 주목을 받게 되었습니다. 전 세계의 의로운 선남선녀들이 한국을 신앙의 조국으로 받아들이면서 인종과 민족과 국경을 초월하여 국제축복결혼식에 참가하고 있는 것은, 가정연합 창시자 문선명·한학자 총재의 지상천국에 대한 비전과 구원과 영생에 대한 말씀 때문입니다.

그러면 양위분의 주례에 의해 축복을 받은 국제축복가정들이 실제로 어떠한 삶을 살고 있고 어떠한 생활을 영위하고 있는지 국제축복가정들의 삶의 현장을 소개하겠습니다.

국제축복가정의 삶 1

한국·미국 간에 맺어진 커플 : 김종문·김린 축복가정

1971년 워싱턴 D.C에서 참부모님을 처음 뵙고 신앙이 더욱 깊어진 김린 씨는 1975년 2월 8일 서울 장충체육관에서 한국인 김종문 씨와 축복결혼을 하였습니다. 이후 유니버설발레단 국제부장으로 근무하였고, 한국 TV 방송에서 영어강의를 하였습니다. 이들 부부는 매스컴에 자주 출연하여 자랑스러운 국제축복가정의 모습을 사회에 널리 알렸습니다.

국제축복가정의 삶 2

세계를 놀라게 한 대주교의 결혼 : 밀링고·성 마리아 축복가정

임마누엘 밀링고 대주교(축복 당시 71세)는 2001년 5월 27일에 뉴욕 힐튼호

텔에서 한국인 여성 성 마리아(축복 당시 43세)와 국제축복결혼을 올려 세상을 깜짝 놀라게 했습니다. 더구나 밀링고 대주교는 축복결혼의 변으로서 "결혼은 독신보다 한 단계 높은 순결을 지키는 것"이라고 말해 가톨릭 전통을 순식간에 뒤엎는 충격을 주었습니다.

밀링고 대주교는 1930년 잠비아의 가난한 농촌에서 태어났고, 사제로 임명됐던 1958년부터 독실한 성직자로 지내면서, 1969년에는 교황 요한 바오로 6세에 의해 대주교에 임명되었습니다. 1983년부터는 바티칸으로 옮겨 교황위원회에서 업무를 보았습니다. 그는 문선명·한학자 총재의 주례에 의한 축복결혼식에 앞서 "(가톨릭) 교회와 사제로서의 서약에 일생을 바쳐 왔지만 이제 인생을 영원히 바꿀 조치를 취하라는 하느님의 명을 받아 축복결혼식을 올린다."고 선언했습니다. 가톨릭 내에서 존경받는 흑인 종교 지도자 중의 한 사람이 축복결혼을 한 것은 놀라운 사건으로 종교계의 많은 이들을 크게 놀라게 했습니다. 밀링고 대주교는 지금도 아내인 성 마리아 씨와 잉꼬부부처럼 살고 있습니다.

국제축복가정의 삶 3
어버이날 대통령 효행상 수상 : 김영천·아사노 도미코 축복가정

전북 부안의 아사노 도미코 씨는 축복결혼(36만쌍, 1995.8.25, 서울 올림픽 메인스타디움)으로 한국에 시집와서 위하여 사는 '참사랑의 생활'로 효(孝)와 열(烈)을 실천한 인물입니다.

남편과 농사일을 하면서 뇌경색으로 반신마비가 된 85세의 시어머니를 간병하고 재활훈련을 도와 지팡이를 짚고 걸을 수 있게 하였습니다. 마을회

관을 돌며 어르신들께 쑥뜸 봉사를 지속한 공로까지 인정되어 2012년 어버이날에는 청와대에 초청되어 대통령 표창을 받았습니다.

국제축복가정의 삶 4

'세계인의 날'에 법무부장관 표창장 수상 : 김일수·엥흐자르갈 산지드 축복가정

경기도 안성의 엥흐자르갈 산지드 씨는 축복결혼(2001.1.27. 뉴욕 유엔본부)으로 2001년 몽골에서 한국으로 시집을 왔습니다. 그녀는 경기도의 다문화가정 정착을 위한 '경기도 결혼이민자 네트워크'의 총무 역할을 훌륭히 수행한 공로를 인정받아 2011년 '세계인의 날'에 법무부장관 표창장을 수상했습니다. 그리고 법무부 수원 출입국관리사무소로부터도 표창장을 받았으며, 경기도 내의 자원봉사 공로를 인정받아 '제2회 다문화가정 수상식'에서 '행복 가정상'을 수상하기도 했습니다.

국제축복가정의 삶 5

축복으로 신생(新生)의 은사 : 윤세원(尹世元)·나카무라 도쿠(中村德) 축복가정

윤세원 박사는 세계평화교수협의회(PWPA) 부회장으로 일해 왔고, 1994년부터는 선문대학교 총장직을 수행했습니다. 윤 박사는 14년간 알츠하이머병을 앓아온 전(前) 부인과 1991년에 사별한 후 혼자 쓸쓸히 생활해 오다가, 1993년 10월 한남동공관에서 문선명·한학자 총재의 주례에 의해 나카무라 도쿠(中村德)라는 독실한 일본인 여성과 국제축복을 받았습니다. 양위 분의 은사를 입은 이 노년 커플은 새로운 인생의 만남을 시작하며 즐거운 결혼생활을 보내게 됐습니다. 나카무라 씨는 지극정성으로 윤 박사의 아들딸과 손자손녀들을 위하고 보살폈기 때문에, 윤 박사 가족 모두가 나카무라 씨를 친어머니와 친할머니로 모시고 따랐습니다. 윤 박사 가정에 이런 천국가정이 만들어진 것은 윤 박사 가족에 대한 나카무라 씨의 헌신적인 봉사의 결과이기도 했습니다. 그녀의 한국에서의 생활 중에는 가장 큰 비중을 두었던 전도, 한국어 공부, 일본인 식구들과의 모임, 쇼핑 등이 포함되어 있었고, 한국 일본을 오가며 다도와 꽃꽂이 등을 소개하고 가르치기도 했습니다.

윤 박사와 만나 행복한 결혼생활을 한 나카무라 도쿠 씨는 한국의 부부관계, 부모자식관계에서 이상적인 가족상(像)을 발견했다고 고백했습니다.

03

문선명 총재가 김일성 주석을 만난 이유는 무엇인가요?

2000년 6월 개최된 남북 간에 있어 첫 역사적인 정상회담은 남북 격차 해소와 평화유지를 위해 커다란 역할을 했습니다. 그러나 이 김대중·김정일 남북정상회담은, 1991년 11월말부터 12월에 걸쳐 문선명·한학자 총재가 북한을 방문, 김일성 당시 주석과 환담하여 한반도 평화의 큰 길을 열어 두었기에 가능했던 것이었습니다.

북한의 핵개발로 북한 핵시설에 대한 미국의 의구심이 높아지고 있던 그 때, 문선명·한학자 총재는 가정연합이 구축해 온 세계적인 기반과 네트워크를 이용하여 평양을 방문하고 김일성 주석과의 회담을 성사시켰습니다.

문선명·한학자 총재가 평양을 방문하여 김일성 주석을 만난 것은, 북한이 선택해야 할 바람직한 국가정책을 제시하고, 북한의 파멸적인 경제를 재건하여 평화적인 남북통일을 이루기 위한 여러 제안을 하기 위해서였습니다.

문선명·한학자 총재가 북한을 방문한 또 하나의 중대 목적은, 김주석과의 회담으로 제2차 한국전쟁의 발발을 방지하면서, 국제사회에서 고립되어 있던 북한을 국제사회에 복귀시키는 일이었습니다. 당시 미국 조야(朝野)에서는 북한의 핵시설에 대한 의혹이 확산되면서 국제정세마저 심각해지고 있는 상황이었습니다. 이러한 상황 하에서 두 분의 북한 방문으로 이 위급한 국제정세를 진정시킬 수 있었던 것은 역사적인 장거(壯擧)였던 것으로 풀이됩니다.

또한 양위분은 남북이산가족의 교류, 핵에너지의 평화적 이용, 가정연합의 북한의 평화적 경제사업에의 지원, 남북정상회담 개최 등 4개 항목을 들고 김 주석을 설득, 북한이 합의문서에 사인하도록 했습니다. 이는 한반도의 평화적 통일로 가는 큰 길을 연 것이었습니다.

문선명·한학자 총재가 승공연합을 창시하여 승공활동을 펼쳐 온 것은 세계적으로 잘 알려진 사실입니다. 특히 1970년대에 들어 소련을 중심으로 한 국제공산주의 세력이 동남아시아, 중미, 아프리카, 중동 등지에서 맹위를 떨 치며 세계 3분의 1 이상의 지역을 공산화했을 때, 문 총재는 "공산주의는 무서운 악마의 사상이다."라고 말씀하였습니다. 1975년 여의도에서 열린 구국세계대회에서는 "하나님을 모시는 모든 종교인들은 신념을 가지고 공산주의를 격퇴하지 않으면 안 된다."고 호소하였습니다.

그러나 1989년 후반부터 1990년대 초에 걸쳐 폴란드를 시작으로 동유럽에서 민주주의혁명이 발발하고, 이어서 1991년 소련제국이 붕괴되자, 이제는 1970년대와 1980년대에 걸쳐 펼쳐졌던 방식의 승공활동은 더 이상 계속할 필요가 없어졌습니다. 양위분은 1990년 4월 소련의 고르바초프 서기장과 만났고, 이윽고 1991년 12월 6일에 북한의 김일성 주석과 회담함으로써 승공활동의 대단원을 장식하게 되었습니다. 즉 공산주의가 종언을 고하게 되었고, 양위분은 공산주의에 대해 빛나는 승리를 거둔 것입니다.

하지만 양위분은 아직도 생존을 위해 버티고 있는 북한 등 몇 안 되는 공산주의나 사회주의 국가에 대하여, 그들이 개방되고 민주화되어 평화적으로 체제이행이 되도록 물심양면으로 돕고자 했고, 실제로 그들을 많이 도왔습니다. 그런 가운데 평화적 남북통일은 자연스럽게 이루어질 것입니다.

> 참고

한반도의 남북통일이야말로 세계평화와 통일의 열쇠가 되는 것입니다. 이 때문에 한반도의 남북통일은 단순한 정치적 사건이나 과업이 아닙니다. 이것은 하나님의 구원섭리역사의 최종 목표인 지상천국 복귀, 곧 공생·공영·공의의 이상세계를 실현하는 관문이 되는 섭리사적 역사성을 띠고 있는 것이요, 지상세계를 거쳐 간 수많은 영인들과도 관계있는 입체적 과업인 것입니다.

따라서 대한민국의 통일은 정치가들에 의해서만 풀릴 문제가 아닙니다. 그렇기 때문에 한반도에 얽혀 있는 이와 같은 하늘의 뜻을 잘 알고 있는 제 남편 문선명 총재는 여러분이 잘 아시다시피 1991년 12월 초, 7일간의 북한 방문을 결행하고 북한의 통치자 김일성 주석을 만나 한반도 통일문제에 관련된 하늘의 뜻인 천명을 통보했던 것입니다.

'주체사상으로는 남북한을 통일할 수 없다. 문 총재가 제시하는 하나님주의와 두익사상인 통일사상이라야 남북한이 평화적으로 통일되고 전 세계를 주도할 수 있는 통일한국이 된다.'라고 설파하셨고, 그들의 상투어가 된 6·25북침설에 대해서도 6·25는 남침이라고 정면에서 통박하셨던 것입니다.

본인은 제 남편을 따라 전 세계를 순방하며 각국 정상들을 많이 만나 보았지만, 지난번 평양 방문 때는 정말 비장한 각오와 심각한 결의를 가지지 않을 수 없었습니다. 우리 부부는 마치 성경에 나오는 야곱이 그를 죽이려는 형 에서를 천신만고의 고난과 지혜와 정성으로 감동시켜 끝내는 그의 마음을 움직여 마침내 서로 화해했듯이, 북한 김일성과의 성공적인 담판을 성사시켰던 것입니다.

이제 남북통일은 정치인들에게만 맡겨진 것이 아니라 하나님이 간섭하시는 일로 된 것입니다. 제 남편 문 총재는 지금도 전 세계적 기반을 동원하여 하나님이 하시는 뜻대로 남북통일을 성취하고 음란과 퇴폐가 없는 이상적 평화세계를 건설하기 위해 불철주야 애쓰고 계십니다.

(평화경, 제6편, 5, 936)

04

남북통일을 위해
어떤 활동을 펼치고 있나요?

　우리 민족은 긴 세월에 걸쳐 하나님을 공경하고, 도의(道義)의 정신과 평화정신을 가졌고, 긴 시련을 이겨낸 고난의 민족입니다. 수천년간의 고난의 역사를 지내 온 한반도는 인류 구원의 최후의 제물로 38선을 중심으로 남북으로 나뉘어 분단이라고 하는 세계사적인 십자가를 등진 채 20세기 말에서 21세기 초의 '골고다'의 언덕을 넘고 있는 형상입니다.

　한반도의 섭리상의 위상과 지정학적 위치는 아주 중요합니다. 한반도라는 땅은, 주의(主義)와 이론과 철학에 있어서는 유물론과 유신론(또는 유심론)이 뿌리 깊은 대립을 보여주어 왔고, 정치체제로는 자유민주주의와 공산주의(사회주의)가 대결하고 있던 세계의 화약고였으며, 인류문명사적으로 보면 창조론과 진화론, 인간의 구원을 설파하는 신본주의(하나님주의)와 신(神)에게의 저항을 설파해 온 인본주의가 대치해 온 땅으로서, 세계 인류역사에 있어 대결·대립·투쟁의 축약판이자 상징으로서의 모습을 보여 온 지역입니다.

유물론에는 "인간은 마시고 먹고 입으며 살아가지 않으면 안 된다. 정신은 단지 뇌의 산물이자 기능이다(K. 마르크스)" "자연환경이 생물을 진화시켰다(C. 다윈)" 등의 주장이 담겨져 있었습니다. 그러나 유신론은 하나님의 창조법칙에 의해 인간이 창조되었으며, "인간의 DNA의 유전 암호는 하나님의 로고스(이념, 이법)다" "하나님이 인간을 창조하실 때 창조의 구상은 로고스다"라는 입장이었습니다. 그리고 하나님은 피조세계를 단계적으로 창조하신 바, 아메바로부터 서서히 진화하여 인간이 된 것이 아니라, 하나님은 인간의 창조를 최종목표로 하여 아메바와 그밖의 생물을 먼저 창조하셨다는 입장입니다. 하나님은 인간 삶의 터전으로 먼저 천지만물을 창조하시고 자기의 모양대로 사람을 창조하셨다는 것입니다.(창세기 1장 27절)

인본주의는 인간의 이성을 믿는 주의로서 인간은 이성에 따라 자기이익을 추구하면서 살아간다는 명제에 입각하여, 인간 사회와 그리고 국가 간에 있어서조차 자기이익을 추구하는 행동을 정당화시켜 왔습니다. 헬레니즘에 뿌리를 둔 인본주의는, 14~16세기 유럽을 풍미했고, 19세기 이래 유럽의 '근대 이성'을 낳으며, 문명(화)의 기준과 척도로 인식되면서 전 세계에 파급되기까지 했습니다.

신본주의는 팔레스타인 지역의 유대 땅을 근거지로 하여 발생한 헤브라이즘을 뿌리로 하여 성장하여, 중세유럽의 천년왕국을 지배했던 종교사상입니다. 그러나 그 후의 신본주의가 부르주아지의 이데올

로기로 변질되고, 이 땅의 사회적 복음을 상실한 기독교를 옹호하는 주의로 명맥을 이어가자, 마르크스주의의 반(反)기독교 이념이 득세하게 된 것입니다. 마르크스주의자가 아니더라도, 혁명적 활력이 거세되고 이 땅의 개척자로서의 사명감과 책임감을 상실한 기독교에 대한 뜻있는 사람들의 실의와 니힐리즘은 신의 존재를 거부하기까지 이르렀습니다.

바로 이런 와중에서 문선명·한학자 총재의 새로운 신본주의가 출현하여, 절망에 빠진 사람들에게 새로운 희망을 심어 주면서, 역사의 궁극적인 종말(말세)로서의 영원한 하나님의 나라인 천국의 비전을 보여주기에 이른 것입니다. 양위분의 하나님의 나라에 대한 천국의 비전은 절대로 타계적(他界的)·내면적인 것만은 아닙니다. 오히려 역사와 사회에 대한 사회신앙적 요소가 강합니다. 양위분은 참가정 이론을 토대로 한 새로운 신본주의로, 북한의 김일성주의를 굴복시키고 북한을 구원해 주려고 하는 것입니다.

이런 세계사적이고 섭리적인 배경 하에서 남북한의 통일을 위한 구체적인 실천 활동을 일찍부터 전개해 왔습니다. 양위분은 남북통일을 실현하기 위한 사상적 기반으로 두익사상을 정립하셨습니다. 양위분은 우익도 좌익도 도그마에 붙잡혀 있고 자기들의 지지계층만을 대변하면서 정치적 갈등과 분열을 증폭시키고 있기 때문에 남북통일은커녕 국내통일도 못 한다고 보았습니다. 나보다 타인을 위하는 이타주의나 동포주의는 오직 하나님의 이상에서만 나옵니다. 두익사상은, 머리가 중심에 자리 잡고 잘 기능하게 되면, 뇌의 명령에 따라 좌우 신체가 모두 균형 있게 움직일 수 있어, 마음과 몸이 조화를 이뤄 통일된 방향으로 나아갈 수 있다는 유기적인 관계를 설파한 하나님주의입니다.

양위분은 2000년 8월 미국 유엔본부에서 열린 IIFWP (세계평화초종교초국가연합) 총회에서 '유엔이 한반도 일대의 비무장지대에 평화공원을 조성할 것'을 촉구했습니다. 그분들의 선구적 제안이 전 세계에 커다란 공감과 반향을 일으켰던 것입니다.

한학자 총재는 2015년 11월 평화통일실천 국민대회에서 '제5유엔사무국'의 한반도 유치를 위한 100만 통일준비국민위원회 위원 위촉사업을 발표하였습니다. 이 위촉사업은 2016년 12월 달성되었고, 한 총재로부터 위촉을 받은 위원들은 제5유엔사무국의 한반도 유치를 비롯하여 남북통일을 위한 획기적인 대국민 운동을 펼쳐 나가고 있는 중입니다.

2013년도에는 남북통일운동국민연합이 주최한 통일기원 국민대토론회가 국회와 전국 16개 도시에서 열렸습니다. 2014년에는 통일준비국민위원회가 그동안의 노력을 인정받아 대통령자문단체로 선정되었고, 재외동포 한민족 평화통일대회도 개최되었습니다.

성경 창세기에서도 서술되었듯이, 이 땅에 인류가 존재한 이래 가장 중요한 테마 중의 하나는 평화였습니다. 한반도는 세계분쟁의 축소판이자 하나님 섭리의 중심지입니다. 남북한의 분쟁과 대립이 계속되는 한 한반도에 평화는 찾아오지 않을 것이며 세계의 평화도 실현되지 않을 것입니다.

우리나라의 통일은 단순히 국토의 통일만이 아닙니다. 이것은 타락으로 갈라진 인간의 마음과 몸의 통일문제로부터 시작하여 동서의 양대 세계로 갈라진 전 세계의 통일을 위한 모형적 노정입니다. 그러므로 이 문제는 하나님의 구원섭리관적 측면에서 이해해야 할 사안이며, 따라서 섭리적인 차원에서 풀어 나가야 되는 것입니다. 인류역사는 인간조상의 타락으로 말미암아 잃어버린 본연의 세계를 다시 찾기 위한 탕감복귀의 섭리역사입니다. 따라서 역사는 하나님의 창조이상을 실현시키기 위한 목표를 놓고 사탄 편과 하늘 편 사이에 벌어지는 선악 투쟁의 역사인 것입니다.

역사의 배후에는 언제나 선한 편은 선령이 협조하고 악한 편은 악령이 협조해 왔습니다. 인간의 타락으로 시작된 분열의 역사는 가정·종족·민족·국가·세계로 범위를 확대하면서 결과적으로 인본주의와 신본주의의 근간이 된 유물론과 유신론의 대결로 나타난 것입니다.

2천년 전 유대민족이 예수님을 받아들였더라면 예수님은 유대교를 기반으로 유대종족과 민족을 통일하고 12지파의 후손들이 살던 아랍권을 통일했을 것입니다. 나아가 예수님의 사상이 중동지역과 인도지역을 거쳐 극동에까지 전파되고, 한편으로 로마제국과 전 유럽을 장악하여 예수님 당대에 통일된 하나의 세계를 이뤘을 것입니다. 마침내 예수님을 중심으로 한 새로운 종교문화권을 형성하여 만왕의 왕이 되어야 했던 것입니다. 그러나 예수님이 십자가에 돌아가신 후 외적인 육신을 중심 삼은 문화권인 인본주의의 헬레니즘이 먼저 발달하여 로마의 중심문화를 형성했습니다. 한편 내적인 마음의 문화권인 신본주의의 헤브라이즘을 대표하는 기독교는 400년 동안 로마로부터 온갖 박해를 받은 것입니다.

(평화경, 제8편, 13, 1262-1263)

참고2

하나님은 분단된 한반도에 초점을 두고 세계를 섭리하고 계십니다. 그렇기 때문에 하나님의 뜻을 알려면 한반도 분단의 의의를 이해해야 할 것입니다. 한반도의 휴전선은 공산 독재체제와 자유 민주체제가 대립하고 있고 악 편의 좌익과 선 편의 우익이 대결하고 있으며, 유물론과 유심론, 무신론과 유신론이 부딪치고 있는 대치선인 것입니다.

한반도는 세계의 축소형이요, 세계는 한반도의 확대형입니다. 여기에 하나님의 심오한 경륜의 뜻이 있는 것입니다. 그것은 축소형인 한반도의 통일을 먼저 이룩하고 같은 방식을 확대형인 세계에 적용하여 세계의 사상적 체제적 통일을 달성하시려는 섭리인 것입니다.

한반도 휴전선의 또 하나의 섭리적 의의는 구약시대의 헤브라이즘의 흐름을 이어받은 기독교문명과 헬레니즘의 흐름을 계승한 공산주의 문명이 이 휴전선에서 대치하고 있다는 사실입니다. 헤브라이즘 문명과 헬레니즘 문명은 로마를 중심하고 예수님에 의하여 통일되게 되어 있었으나, 예수님의 십자가형으로 인하여 통일의 기점이 없어졌기 때문에 그것이 오늘날까지 평행선을 이루어 나왔습니다.

한편이 우세했다가 때로는 다른 한편이 우세하면서, 오늘날에 이르러 헤브라이즘의 흐름은 기독교문명에 연결되고 헬레니즘 문명은 공산주의 문명에 이어져서 한반도의 휴전선을 사이에 두고 대치하고 있는 것입니다. 한반도에서 이 두 흐름의 문명이 통일되는 것이 하나님의 뜻임을 생각할 때 이런 점에서 휴전선은 섭리적 의의가 크다고 하겠습니다.

(평화경, 제8편, 5, 1199)

05

지구환경을 보전하기 위해 어떤 노력을 기울이고 있나요?

　자연과 만물은 인간의 욕심에 의해 오염되어 왔습니다. 환경파괴가 일어나고 있는 것은 개발과 산업화 등 여러 경제적 요인들도 있겠으나, 근본원인은 자연과 만물이 타락한 인간의 끝없는 욕심에 의해 더럽혀져 온 것에 있습니다. 지금이야말로 인간이 자연의 주인으로서 자연을 사랑하고 자연을 중요시하여, 자연을 훌륭하게 보호해 나가지 않으면 안 됩니다. 지구환경을 보전함으로써 창조본연의 세계로 돌아가지 않으면 안 되는 것입니다.

　최근 한학자 총재는 지구환경 보호에 대한 이야기를 많이 합니다. 유럽과 미국, 아프리카, 일본 및 아시아 등 세계의 여러 나라에서 개최되고 있는 행사에 참가하여 오염된 지구환경을 보호하고 보전·복원해 나갈 것을 강조하고 계십니다.

　한 총재는 지구온난화와 사막화와 홍수 등등의 기상(기후)현상, 미세먼지와 쓰레기 등 환경문제로 지구 전체가 신음하고 몸살을 앓고 있는 사실을 직시하면서, 2017년 2월 지구환경 문제를 근본적으로 풀 수 있는 수단으로서 2000년 이후 중단되었던 국제과학통일회의(ICUS, 1972년 창설)를 다시 시작할 것을 지시하였습니다. 동시에 환경문제를 전담할 세계기구로서 효정국제과학통일재단(HJIFUS)을 창설하였습니다.

새롭게 창설된 효정국제과학통일재단은 지구환경문제를 해결할 기술개발과 환경정책 입안을 서두르면서, 지구 환경의 중요성에 대한 인간의 의식을 고취시키고 경각심을 일깨워 주고도 있습니다. 효정국제과학통일재단이 극단의 이상기후와 여러 환경문제로 인하여 초래되는 농업피폐와 산업계의 침체 및 기아문제 등의 나쁜 연쇄효과도 차단할 수 있는 대안을 내놓을 수 있을지 기대가 모아지고 있습니다. 이 기구의 창설자이신 한학자 총재는 지구자연환경을 보호함으로써 인간과 자연과의 관계를 창조본연의 원래의 세계로 되돌리려고 하고 있습니다.

이렇게 지구환경을 이루고 있는 자연만물이 보호되고 그 만물의 본연의 위치가 확보될 때, 하나님께서 창조목적(인간완성과 완성된 인간에 의한 만물주관) 하에 지으신 피조세계, 즉 인간과 만물은 서로 일체를 이루어 창조주이자 그들의 주인인 하나님께 본래의 모습으로 돌아갈 수가 있게 될 것입니다. 지구환경을 이루고 있는 만물과 그 만물을 관리할 인간을 복귀시킴으로써, 뜻이 하늘에서 이루어진 것같이 이 땅 위에서도 하나님의 나라가 이루어지게 될(마태복음 6장 10절) 것입니다.

지금 지구환경을 보전하기 위한 유엔 차원의 노력은 갈팡질팡하고 있으며, 국제사회에 있어 지구환경문제에 대처하기 위해 설립된 기구나 제도(예컨대 교토의정서나 파리협정)는 그 기능을 잃고 있습니다.

가정연합에서는 지구환경이 파괴되고 있는 현상에 대해 일찍부터 많은 고민을 해 왔고, 후손들의 생존을 위해 지구환경을 소중하게 보존하기 위한 대책을 오래전부터 강구해 왔습니다.

한학자 총재는 2014년에 들어서는 새해 벽두부터 "우리가 지상생활을 하는 동안 창조주 되시는 하늘부모님이 만들어 놓은 이 지상계가 잘 보존되어야 합니다. 하늘부모님께서 전력을 다해서 창조하신 이 아름다운 자연을 잘 보전해야 됩니다. 인간의 무지로 인해 지금 (자연계가) 세계 도처에서 얼마나 많은 피해를 보고 있는지를 생각해 보십시오. 이 인간의 무지를 일깨워서 환경을 잘 보전해야 됩니다. 죽어가고 있는 땅과 바다를 살려야 됩니다. 그것을 우리가 하지 않으면 안 됩니다."라고 말씀하며 지구환경문제의 절박성을 호소했습니다.

한학자 총재는 '선학평화상'을 설립하여 지구환경문제, 복지문제, 기아문제, 세계평화 등에 공헌한 인물들을 선정하여 2년에 한 차례씩 이 상을 시상하고 있습니다. 2015년 제1회 선학평화상은 해양생태계 보호와 기후변화 대응에 힘써온 키리바시의 아노테 통 대통령과, 현재의 빈곤·영양부족·기아문제와 미래식량위기의 대안을 제시하면서 미래세대를 위한 환경 보전에도 큰 역할을 해온 인도의 모다두구 굽타 박사에게 공동시상 했습니다.

한학자 총재는 앞서가는 선견지명을 가지고 지구환경문제를 해결하기 위한 총합적인 방책을 강구하고 있으며 실천적인 활동을 전개하고 계십니다.

본인은 이상적인 모델을, 하늘이 축복해 주신 천지만물이 가장 이상적으로 보존되어 있는 이곳 남미에서 만들고자 생각하고 있습니다. 우리 부부가 이 카사도와 레다에 대규모의 토지를 매입하고 다양한 프로젝트들을 지금까지 지속적으로 진행해 온 것은, 인간시조가 하늘부모님의 꿈을 좌절케 했던 바로 인류의 이기심과 탐욕에 기반한 무분별한 개발과 파괴를 막고, 하늘부모님을 중심으로 인간과 환경이 더불어 사는 이상적인 모델들을 만들기 위함이었습니다. 그동안 상식적으로 이해할 수 없는 많은 불법들과, 이러한 비전을 온전히 이해하지 못하고 개인적인 욕심을 중요시하는 이들에 의해 발생된 수많은 현장의 어려움 속에서도, 문 총재님과 나는 단 한 번도 이 비전을 포기해 본 적이 없습니다. 그것은 종적 참부모이신 하나님의 인침을 받은 인류의 참부모로서 하늘부모님께서 인류에게 주신 가장 큰 선물인 자연을 보존·보호하여, 모든 인류가 '하늘부모님 아래 인류 한 가족'으로서 자유, 평화, 행복과 통일의 세계를 누리게 하기 위해서였습니다.

(한학자 총재, 2017.5.5, 파라과이 레다 기지)

50가지 문답으로 알아보는 신한국가정연합
문선명·한학자 총재는 누구인가

인쇄일	2019년 4월 29일
발행일	2019년 5월 1일

편저자	선학역사편찬원
책임감수	이재영 교수

발행처	(주)성화출판사
신고번호	제302-1961-000002호
주소	서울시 용산구 청파로 63길 3(청파동1가)
대표전화	02-701-0110
팩스	02-701-1991

가격	10,000 원

ISBN	978-89-7132-730-2 03230